带出销售冠军

90% 的成功企业
都在用的
销售教练模式

①

Sales
Leadership

The Essential Leadership Framework to Coach Sales Champions,
Inspire Excellence, and Exceed Your Business Goals

［美］基思·罗森（Keith Rosen）/ 著　张瀚文 / 译

中国人民大学出版社
· 北京 ·

图书在版编目（ＣＩＰ）数据

带出销售冠军：90%的成功企业都在用的销售教练模式 /（美）基思·罗森（Keith Rosen）著；张瀚文译. -- 北京：中国人民大学出版社，2021.2
ISBN 978-7-300-28868-0

Ⅰ．①带… Ⅱ．①基… ②张… Ⅲ．①销售管理 Ⅳ．①F713.3

中国版本图书馆CIP数据核字(2021)第004480号

带出销售冠军：90% 的成功企业都在用的销售教练模式

【美】基思·罗森 著

张瀚文 译

Daichu Xiaoshou Guanjun: 90% de Chenggong Qiye dou Zaiyong de Xiaoshou Jiaolian Moshi

出版发行	中国人民大学出版社			
社 址	北京中关村大街 31 号		**邮政编码**	100080
电 话	010-62511242（总编室）		010-62511770（质管部）	
	010-82501766（邮购部）		010-62514148（门市部）	
	010-62515195（发行公司）		010-62515275（盗版举报）	
网 址	http://www.crup.com.cn			
经 销	新华书店			
印 刷	天津中印联印务有限公司			
规 格	170mm×230mm 16 开本		**版 次**	2021 年 2 月第 1 版
印 张	15.75 插页 1		**印 次**	2021 年 2 月第 1 次印刷
字 数	236 000		**定 价**	69.00 元

阅读成就思想……

Read to Achieve

基思会引导你成为一位出色的管理者。他既擅长沟通，又能够指导、培养销售冠军和组织未来的领导者。阅读、实践和应用《带出销售冠军》这本书中的内容，并将这本书作为你的案头书，有助于你养成最重要的领导习惯——高效教练。

内森·斯通（Nathan Stone）
谷歌新业务销售加拿大区域经理

基思在《带出销售冠军》一书中不仅提出了一条让你成为一位变革型领导者的简单、清晰且直观的路径，而且提供了一些简单却高效的问题，可以使你在每一次互动中都能传递价值。他的直观且领先的 L.E.A.D.S. 教练框架将成为每一次互动的起点，并可以很容易地成为整个组织的业务规则，从而使教练成为每位管理者的一个自然、健康和必不可少的习惯。

查宁·费雷尔（Channing Ferrer）
HubSpot 销售策略和运营副总裁

文化是一切。在最艰难的时刻，正是公司独特的文化将员工凝聚在一起，显示出每个人的真实品格。《带出销售冠军》既是一本能够使你成为一位出色领导者的指南，帮助你组建一支优秀团队；也是一本全面的工作手册，帮助你组建一支高绩效团队。基思在这本书中回答了我最关切的领导力问题。

胡里奥·席尔瓦（Julio Cesar Silva）
阿斯利康（AstraZeneca）公司销售主管

大多数组织的沟通方式都是像富有同情心的、有影响力的管理者一样沟通。基思在《带出销售冠军》一书中提出，你不仅要成为教练和思想家，而且要成为有战略意识、有目标的沟通者，去激发积极的变革。即使我已经担任了几十年的高级主管，这本书也仍然在如何更好地支持团队和组织、更有效地实现业务目标等方面为我提供了全新的见解。

斯科特·贝尔（Scott Bell）

大众汽车美国公司区域副总裁

基思有关动员策略的框架尤其引人注目，它围绕销售教练、公司愿景、商业目标和敏捷变革帮助人们形成一致性和参与感。在《带出销售冠军》一书中，基思通过巧妙的故事和实际案例介绍了经过实践验证的领导策略。这本书适合那些真正想要创造繁荣的销售文化、想要有所作为的销售领导者阅读。

罗伯特·A. 大卫（Robert A.David）

加州大学伯克利分校企业教育主任

《带出销售冠军》一书不仅是写给销售领导者的，而且是写给富有远见的管理者和销售人员的。这本书介绍了如何从单纯记录销售数字的电子表格管理者转变成真正的销售领袖的具体步骤，以及如何有的放矢地因人施教，成为真正的游戏规则改变者。

阿尔·吉多（Al Guido）

旧金山 49 人队（San Francisco 49ers）总裁

Elevate Sports 风险投资公司 CEO

作为一名销售领导者，我一直在寻求以一种简单、直接和务实的方式帮助我的团队获得成功。然而，教练销售团队在概念上是简单的，却不容易实现（至少在我遇到基思之前是这样的）。有了《带出销售冠军》这本书和基思对教练方法的改进，教练这项复杂但必要的技能现在变得更简单了，并且更容易实施了，它可以支持并激励你的销售团队向成功迈进。

朱塞佩·罗西（Giuseppe Rossi）

CA 技术公司欧洲、中东和非洲区域（EMEA）解决方案销售副总裁任何想要帮助自己的团队在职业生涯中取得最好成绩的人不仅需要阅读《带出销售冠军》一书，而且应该将它作为案头书，时常翻看。如果你想知道如何快速改变你的团队、文化和业绩，请毫不犹豫地遵循基思提出的教练建议和模板。我就是这样做的，从我们公司的业绩和员工的敬业度就可以看出来。这本书中的观点和内容是完整、透彻、准确且极具洞察力的。

大卫·特纳（David Turner）

Contegix 公司 CEO

并非所有的领导力书籍都适合销售领导者阅读。销售人员是独一无二的，是企业的生命线。他们需要以一种符合其销售基因和个性的方式来接受教练，并得到尊重和支持。基思为教练销售人员设计了一套"代码"，这套"代码"可以优化销售人员的表现、忠诚度和客户保留度。《带出销售冠军》一书是我十年来读过的关于销售领导力的最好的书。

杰哈德·葛史汪德纳（Gerhard Gschwandtner）

Selling Power 公司创始人兼 CEO

基思很好地回答了那些具有远大理想，但又不得不忙于日常琐事的管理者的问题：需要做些什么来避免急躁和沮丧，从而让教练工作变得简单有效，让自己更有成就感？卓越的领导者意识到，要想激发敬业精神，实现创新和增长，提高执行力，并超额完成任务，就需要正确的沟通和支持型的企业文化。基思不仅列举出了具体的细节，比如如何实施一个成功的教练计划，而且提供了实际指导，以确保你和你的公司都能做好充分的准备。

西蒙·弗雷尔（Simon Frewer）

高德纳公司销售和营销解决方案与人才发展实践全球主管

那种"把我的销售代表晋升为经理，他们就会因此而奋斗"的日子将一去不复返。公司做出购买决策的方式在不断变化，这也是你的销售人员和销售经理需要转变成有影响力的优秀教练的主要原因。基思在《带出销售冠军》一书中不仅分享了一个简单却有效的策略，而且用行之有效的战术和技巧帮助你成为出色的教练和更好的领导者，无论你是销售人员、新上任的经理，还是一个经验丰富的职场老手。

托尼·罗多尼（Tony Rodoni）

Salesforce 公司执行副总裁

当所有人都在有效地相互教练和无条件地相互支持时，一种健康的教练文化就形成了。《带出销售冠军》一书是关于如何培养销售领导力的最好的书，也是驱动最优绩效和最高参与度的终极指南。

康纳·格里森（Conor Gleeson）

甲骨文公司 EMEA 区域联盟与渠道副总裁

我在甲骨文公司和微软公司担任销售副总裁 20 多年，有幸领导了科技行业最优秀的销售团队。我读过你们能想到的所有关于销售领导力的书籍，促成过你们能想到的关于销售和领导力的培训。大部分的书籍和研讨会都是由那些从未在销售领域工作过的人撰写或组织的，他们完全没有实战经验。基思完全不同，作为微软公司的销售副总裁，我曾多次邀请基思与我的销售管理者一起工作。他用自己独特的方式与他们交流，并鼓励他们实践。结果是，他把我的销售管理者变成了能够培养出销售冠军的顶级教练。我们与管理层的关系以及营收创利不言自明。他的《带出销售冠军》一书将这种关键角色和教练沟通提升到了另一个层次。我强烈推荐这本书。他的教练方法改变了微软团队的工作方式。这种方法不仅适用于销售领导者，而且还适用于任何拥有荣誉、权利和责任的人，可以帮助他们实现成长并获得成功。

约翰·费可尼（John Fikany）

Fikany 集团 CEO

微软公司和甲骨文公司前销售副总裁

很多年前，有一位睿智的国王和他美丽的妻子过着幸福的生活。但是结婚几年后，他的妻子因病去世了。遗憾的是，他们并没有孩子，国王只能独自管理这个国家。

虽然痛失妻子令国王悲痛欲绝，但他仍然信守诺言，以德治国，关怀本国人民。

国王对妻子的爱是如此强烈，以至于他无法忍受自己再次结婚的念头。很多年过去了，国王仍然没有自己的孩子，他知道总有一天他需要找到一个合适的人，在他死后接替自己的位置。由于没有子嗣可以合法地继承王位，他呼吁全国人民帮他找到一个合适的王位继承人。国王知道，这必须通过某种测试来确定最有希望的候选人。

一天，当国王在乡间散步时，他发现了一个长约750米、宽约100米的天坑。"我知道啦！"国王喊道，"我找到可以帮助我确定下一任国王的测试办法了。"说完，他迅速回到城堡，与大臣们分享了他的想法。第二天，国王下旨："来吧！三个星期后，那些认为自己有资格接替我的人可以在广场集合，证明自己为什么可以继承王位。"

这一天终于到来了。成千上万的人从该国的每一个角落长途跋涉来到广场，每个人都怀揣着被选为王位继承人的梦想。

国王把这些候选人带到乡间，向他们展示他的发现。"现在的问题是，如果回答正确，你将获得成为下一任国王的合法权利。"

国王指着那个天坑问："我该怎么办？"

几天后，国王得到了数以百计的回复，但没有人给出正确的答案。国王不断听到同样的回答，比如，"用石头和泥土填满它""把它装满水""在天坑上架一座桥""在它周围筑一堵墙""在天坑周围放置警告标志""把它变成墓地""加固周围""把天坑伪装起来，保护我们不受敌人的侵犯"……虽然其中一些想法很有趣，但没有一个是国王希望得到的答案。

又过去了两天时间，国王很沮丧，他怀疑是否真的有人能像一位成功的国王那样思考和行动。当候选人的数量逐渐减少到只剩下几位的时候，轮到一个年轻人回答国王的问题了。这是一个来自农村的贫穷的男孩，他甚至因为想成为国王候选人而被比他年长和聪明的人嘲笑。国王用一种沮丧和怀疑的语气问："我该怎么办？"

年轻人犹豫了一会儿，然后回答说："为什么一定要对这个天坑做些什么呢？"

突然，国王的表情变了。他看着年轻人，满怀希望地问："为什么？当所有人都建议我处理这个天坑时，为什么只有你一个人既不给我任何建议，也不告诉我该怎么办，而只问了我一个简单的问题——为什么？"

年轻人毕恭毕敬地说："因为我无法回答您的问题，我的国王。我不知道您为什么要处理这个天坑。只有当我知道您想做什么、为什么要这样做以及您的意图时，我才能根据您的想法采取行动，以得到您想要的结果。否则怎么能贸然行动呢？而且，您可能决定什么都不做。"

多么深刻的答案！这个年轻人没有告诉国王他想做什么，只是向国王提了一个问题，一个如此简单、如此有力却常常被忽视的问题。

为什么？毕竟，如果这个年轻人不了解国王的动机、意图及其信念、行动、意见、决定、行为、目标或价值观等，他又怎么可能有效地与国王达成一致意见并且合作呢？

"恭喜你！"国王惊呼道，"你是我们王国的下一任王位继承人。"

全国都震惊了。城里的长老们都在质问国王："为什么是这个男孩呢？"

国王回答道："我其实什么都不想修。那不是我的本意。每个人都向我提出了一个用以解决他们认为需要解决的问题的方案，可他们从来没有花时间去了解我的初衷或者我的意图和想法。"

最后，国王说道："这个年轻人是唯一具有洞察力的人，他能够明白我的意图，也就是我的想法，并找到我这样做的原因。"

创建一致的"为什么"

成为优秀领导者的关键是理解你的员工想要什么、期待你做什么，更重要的是，理解他们为什么想要。当领导你的团队向着共同的目标和愿景前进时，团队成员不仅需要了解自己需要做什么，而且还需要了解为什么要这样做以及这样做对他们有什么好处，这样他们才能知道自己如何从中受益。

要帮助员工设定和管理他们的预期，并使其在思想和行动上保持一致，就需要理解他们为什么成为你的员工、他们是谁、他们的价值观及其目标和意图，同时需要确保他们与公司的目标保持一致。这是改变任何组织的文化和绩效都需要的。如果你能在全公司范围内实现思想和行动的统一，这对你、你的团队和你的组织意味着什么呢？

这些领导力原则也适用于我们生活的方方面面。当你领导一个组织或者一个团队，发现并明确阐述你们做某件事的原因时，你才能利用教练的力量来打造你的冠军团队，并创建一个共同愿景和一种健康的高绩效文化。

你所做的、你所销售的以及你所提供的价值都是副产品。通往伟大的文化之旅始于"为什么"，你唯一清晰的东西——愿景是你的灯塔。你为什么要做你所做的事情是你和公司的根本——你的价值观和目标，以及作为个人和一个统一的组织最重要的事。

这就将我们的话题过渡到了我将要问你的自我反思问题中的第一个问题。

为什么你是一名领导者

这是我与管理团队共事时首先会问的问题之一。一方面，管理者们会告诉我："有一天我的老板来找我，并且问我想不想当管理者。就这样，我成了管理者。没有入职培训，只有一个计分卡、一个指标和一大堆职责。"

另一方面，无论我身处哪个国家或者哪家公司，每个职位上的管理者都会说，他们之所以成为领导者，是因为以下重要事项和核心价值观对他们而言很重要：

- 成为一名值得信赖的顾问，引导人们走上职业生涯的最佳路径，从而影响他们；
- 帮助人们成长并获得成功，看着他们在自己所热爱的职业上获得进步；
- 实现更大的团队目标；
- 实现家庭、贡献和生活的平衡，正直，耐心，活在当下；
- 帮助人们实现他们认为不可能实现的事情。

当他们被问及由于工作压力而最容易摒弃哪些价值观时，他们列出了以下内容：

- 成为一名值得信赖的顾问，引导人们走上职业生涯的最佳路径，从而影响他们；
- 帮助人们成长并获得成功，看着他们在自己热爱的职业上获得进步；
- 实现更大的团队目标；
- 实现家庭、贡献、生活的平衡，正直，耐心，活在当下；
- 帮助人们实现他们认为不可能实现的事情。

这就出现了一个大问题。在尊重他们及其价值观的前提下，管理者在被要求做什么和被预期做什么之间存在着巨大的冲突。

新的体系、流程或者技术不会改变你的组织，它们只是有助于管理。这就是为什么你必须从改变你的员工开始。要创建团队的一致性、共同的愿景和方向，你需要理解、尊重和支持每个人的"为什么"。它是一种成功的文化变革以及帮助你打开理想王国之门的动力。要成为你所在领域的王者。也许不是王者，但绝对应该是世界级的领袖。

让你成就教练的伟大目标

自从 2008 年《王牌销售团队：送给销售经理和公司高管的实战手册》

（*Coaching Salespeople into Sales Champions*）一书出版以来，我有幸与五大洲超过75个国家的管理者共事。这启发了我进一步发展和完善当今被认为是世界领先的销售组织所采用的顶级的、得到普遍应用的教练模式。

《带出销售冠军》这本书是我10年来在全球范围内探索"如何通过培养领导力来创造出人类前所未有的成就"的结果。《王牌销售团队：送给销售经理和公司高管的实战手册》是这一系列书籍中的第一本，为精通教练技术打下基础。《带出销售冠军》这本书将进一步支持你开启成为一名精英领导者和开拓性教练之旅，而来自世界各地的故事更加坚定了我的信念。事实上，当你知道这本书和经过完善的L.E.A.D.S.教练框架将使每一位忙碌、有同情心的管理者在10分钟或更短的时间内进行有效的教练式谈话时，相信你会非常兴奋的。

在这本书中，我使用的"教练""经理""老板"和"领导者"均为同义词。为什么？因为在一天结束的时候，你仍然要对你的商业目标负责。然而，最好的管理者就是最好的领导者。它们概括了经理、领导者和教练的所有品质和能力，包括领导力语言——教练。称呼没有任何意义，也不能代表你的特质和真正的价值。重要的是你是谁、你的行为以及你如何表现。

无论你的职位、经验或行业如何，本书中介绍的策略都将使你成为下一代领导者中卓越的一员。

现在，让我们开启职业生涯之旅的第一篇章。在第1章中，我们要回答这样一个问题：为什么教练技术是一个可以让你和你的公司走向辉煌或者走向平庸和失败的关键因素？

Sales Leadership

The Essential Leadership Framework to Coach Sales Champions, Inspire Excellence, and Exceed Your Business Goals

01

向教练文化进化

人们创造了思维模式，思维模式塑造了行为，行为定义了文化，最终，文化决定了成功。这就是为什么主要的商业目标是让你的员工更有价值。

企业的基因是什么

有一次在北京，我们结束了与一支管理者团队为期两天的工作。在我主持的每一个项目中，我都想确保达到预期效果，了解他们最大的收获是什么，并在我们结束这次相聚之际帮助他们明确未来的目标，以确保我们的工作能够对他们有所帮助。

当我们在房间里转悠时，经理皮埃尔停了下来，与我们分享了他一周前的一次可怕经历。

他说："上星期，我从公司的办公室得到了一些令人不安的消息。在上个月的季度高层领导会议上，陈副总裁在会议进行到一半时突然心脏病发作。我们立刻叫了救护车，几分钟后，他被紧急送往医院。你可以想象，参加会议的人都非常关心陈总。然而，会议仍在继续，综述了报告，评估了商业计划，重申了重点，评估了团队绩效和计分卡。一个小时过去后，医院打电话给公司，带来了一个噩耗——陈总在到达医院后不久就去世了。"

虽然没有什么比一个健康的人突然离世更糟糕的了，但是我发现在这个可怕的故事中最让我沮丧的是后面发生的事。

医院的人问参会的另一位公司副总："他的家人在哪里？请立刻通知他的家人。"

当时参会的有 10 个人，其中有些人已经与陈总共事了 12 年。然而，当医院的人询问如何联系陈总的家人时，房间里没有一个人能回答得上来。

没有人真正知道陈总是谁，他们只是把他当作员工和同事，但除此以外呢？这是一个令人不安的故事，但是我们都可以从中得到一些启示。

想想你的公司、你的团队、你的同事和你的客户，你对他们真正了解多少？你花了多少时间和精力来与他人建立更深层次的联系？

牢记人力资源规则，你真的了解与你一起工作的人吗？

谁会愿意在这样的公司工作？可悲的事实是，大多数人都很可能是"入鲍鱼之肆，久闻而不知其臭"。

拆除平庸之桥

大量的研究充分证明了有效的教练文化对业绩、生产力、态度、员工敬业度和企业文化的影响。这就是我不会去关注这些的原因。

数据并不能帮助企业建立教练文化，但企业又实实在在地需要这样一种教练文化。

严酷的事实

那些没有完美基因的公司该怎么办呢？而那些苦苦挣扎的大公司又该如何才能获得持久的成功呢？

如果你想要改变你企业的面貌，你需要改变组织最基本的构成。要做到这一点，每位员工都必须将自己的注意力集中在企业的核心上——核心不是产品和服务，而是人。

虽然第 1 章主要介绍的是在企业范围内开展教练活动需要具备哪些条件，但这也适用于构建团队文化。本章其余的内容关注的是你以及你如何才能成为世界级的领导者和教练，培养出销售冠军。这些内容包括深入研究技能和思维模式、谈话轨迹或教练轨迹，以及那些让你和你的团队成为同行中的佼佼者的模板。

选择失败的计划还不如不选

每当你把利益置于人之上，改善工作环境的承诺就会成为一纸空谈。员工会认为你推出的课程或者提供的指导只是每个月例行的特色活动。你要把员工培养成销售冠军的良好意愿就会被公司为实现商业目标而制定的潜在的、以利润为导向的措施所掩盖。

这会让管理者和员工双方都感到沮丧。管理者说："我们只是在员工身上进行投资！他们应该学以致用。"而员工说："这没什么新鲜的。公司似乎很热衷于培训，但业绩却是最重要的。事情总是会回到原来的样子。"

如果没有动力，积极的改变就难以持续，员工不可避免地会退回到基于恐惧、以结果驱动的工作氛围中。计划失败的额外代价是，企业得到了错误的教训：培训根本就没什么用。

那么，要想培育一种人们想要参与其中的、有活力的、高绩效的教练文化的秘诀是什么呢？你该如何让公司为这种转型做好准备呢？如果你公司的企业文化不稳定，那你该如何防止它成为一个转瞬即逝的想法？

在回答这些问题之前，让我们先对文化的定义达成共识。

审视文化

韦氏词典将文化定义为："一个种族、宗教或社会群体的习惯信仰、社会形式和物质特征。人们在某一地点或某一时间所共有的日常存在的特征。"

这一定义适用于任何有组织的团体，比如大学、网络活动、行业协会、会议、社交网络、非营利组织、社区健身中心，甚至政府。当我们在世界各地游走时，我们似乎都是不同文化的一部分，并且在各种不同的文化中活动。

韦氏词典对文化的定义还包括：机构或组织所共有的态度、价值观、目标和实践，注重底线的企业文化；与领域、活动或社会特征相关的一套价值观或社会实践；人类知识、信仰和行为的综合模式，它依赖于向后代学习和传播知识的能力。

企业的生态系统

要解决文化难题就必须解决许多问题。文化是一种环境，封装了共同的感觉、信仰体系、态度和价值观。文化决定了人们应该如何行动、表现和对待他人。

每个企业的文化都存在于一个独特的人际网络中，人们相互参与、相互影响。健康的文化是一种始终如一的文化，尤其是在面对逆境时。在这种文化下，人们觉得工作场所就像自己的家一样，是一个安全的地方，可以按照自己的价值观生活，并且真实地表达自己。

> 工作和生活之间不再有界限，只有生活！因此，如果你在工作中没有尊重和践行你的价值观，那么你就会因为没有充分践行你的价值观而损害了一致性。

人们生活在其为之服务的企业的文化中。最终，企业的文化决定了他们的成就、成长、目标、贡献、成功、生活质量和内心的平静。

当企业文化和个人价值观发生冲突时

你的企业文化反映了你的员工和他们的个人价值观吗？你的员工反映了你的企业文化吗？你的组织内部的态度和行为是否反映了你想要的文化？你的文化是否不仅反映了你的企业愿景，还反映了你的团队愿景，以及你的团队和你个人的愿景和价值观？

拥有良好意愿的企业和管理者会努力摆脱当前业务的单调性，因为他们每天都面临着各种压力，包括指标、业绩预期、配额、员工挑战、客户需求、截止日期、招聘、预测、电子邮件、临时会议、员工发展和报告等。

不可避免的是，功能失调的文化是企业的首要目标（即结果）带来的副产品。

你没有进行有效的教练

和大多数管理者一样，你可能通过一本书、一个主题演讲、半天的培训研讨会或者一门完整的课程对如何成为一名教练有了一定程度的了解。糟糕的是，大多数管理者都认为自己已经能够驾轻就熟地进行教练了。要是真有那么简单就好了。下面的故事说明了这种常见的误区。

作为一名新晋升的经理，卡洛斯对自己的职位感到很兴奋，他是一位大力提倡教练工作的领导。当他的老板告诉他，他们将开始安排一对一的教练课程时，他兴奋极了，第一次课程安排在下周一。

于是卡洛斯立即开始准备。周一终于到了，卡洛斯和他的老板坐下来，开始了他们的第一次教练课程。当卡洛斯开始分享他的一些目标和挑战时，他的老板坐在那里，显然在很认真地倾听，甚至提出了一些引导性的闭环式问题。

在卡洛斯提到他与一位销售人员打交道时遇到的一个挑战之后，他获得的第一项教练是以这样的表述开始的：你应该这样做……

这不是教练！你抓住要点了吗？许多人都没有抓住。一些管理者认为，教练需要倾听和提出一些问题，然后给出答案。在本书中，你会读到很多类似的对话，这些对话都将管理者描述为"低效的、善于发号施令和喜欢操控别人的"。

管理者不愿意做教练的主要原因有以下五个。

1. 他们以为自己是教练，但其实不是，从而不可避免地导致他们吸取了一个错误的教训。一个很能说明问题的迹象是，一位经理会说"指导不起作用""有时你必须告诉他们该做什么，这要容易得多"或者"教练太花时间了"。
2. 他们经历过糟糕的培训。有时，经理们会经历可怕的教练培训。他们要做所有他们被要求做的事，但这没什么作用，于是他们认为教练式指导不符合企业文化。
3. 对于什么是教练以及如何进行教练，公司内部并没有一致的看法。
4. 没有计划或过程来确保持续、有效的教练。
5. 他们自己没有得到过有效的教练。

事实上，做教练并不难。在这本书中，你将学到如何在 10 分钟内完成教练式谈话。

你的文化很糟糕

我总是尝试从积极的角度考虑问题。例如，我相信失败是学习的机会；恐惧可以成为你最大的盟友；自信是你可以选择的，只要不让外部环境左右你内心的幸福状态。

但是，我们没有时间对员工进行培训和鼓励。更直截了当地说，那就是你可能从未意识到这样一个重要的事实：你的文化存在问题，你的员工因为没有得到有效的教练而心不在焉地工作，他们只发挥了 40% 的潜力，而且你把大部分时间都花在了错误的事情上。简而言之，你忽略了你的重中之重——你的员工。

你可能认为我的话太绝对了，并摇着头说："你错了，基思。你从未体验过我们的文化。我们有着伟大的文化。"

我的问题是：你是怎么知道的？你使用的衡量标准是什么？你得到了什么结果？接下来的内容将为你提供一个快速的评估标准，以确定你的教练是否产生了有价值的结果。

一项为期 10 年的教练研究

尽管对于任何企业而言，数据都是不可或缺的，但它并不能将人们变成卓越的领导者。这就是为什么我关注的是人的软技能和转变，而不是数据。

对那些喜欢通过验证数据来证明决策（比如需要卓越的教练）的合理性的人，这里有一条数据可以支持我的观点：在过去 10 年里，我的免费电子书已经被下载了大约 35 万次。

在下载申请表中有一个必须回答的问题："你的销售和管理团队是否一直在使用一个有效的教练框架？这个框架可以创建健康、高绩效的文化，并帮你赢得更好的销售业绩。"

多达 88% 的受访者说没有。这些人代表了来自全球不同行业的人员，包括人力资源、销售、管理、运营、市场营销、工程、IT、财务和高管。此外，这些人都来自世界上最有声望、最成功、最知名的公司。

尽管我的免费资源从来都不是用来做调查的，但通过这个问题，我得到了真实客观的数据。毕竟，下载者的目的是获得电子书，而不是有意识地完成一次调查。

有些人会说，公司用伟大的结果摧毁了一种伟大的文化。然而事实并非如此，这两个概念是相互排斥的。虽然结果对企业的成功至关重要，但如果你拥有良好的企业文化，你就会享受其中的乐趣，感受到工作与生活的互补，实践自己的价值观，并能自我激励，去实现你的商业目标。

评估你的文化和教练的投资回报率

不论你的文化是健康的还是"有毒"的，以下 14 个问题可以帮助你快速评估你的文化和教练技巧。

1. 你的人员流动率是否高于行业平均水平？

2. 团队成员之间是明枪暗箭，还是富有凝聚力？

3. 你的管理者是把 70% 的时间用于"灭火"，还是以能够产生一致的、可衡量的结果来培养、观察和教练员工？

4. 是否每个人都完成了他们的配额和业务目标，而不仅仅是依赖少数几个销售精英来完成月度目标？

5. 你的员工是否在向你、他们的同事和其他部门寻求教练？

6. 你认为你的团队是直接的下属还是同事、合作伙伴或资源？不管他们身居何位，你都会从他们那里寻求教练吗？

7. 你的销售人员是在真正为客户提供教练式建议，还是在单纯地销售产品？

8. 你是否有效地培养了一批有才华的未来领导者？

9. 你是在一个充满创新和积极性的安全、透明、信任的环境中工作，还是在一个基于恐惧的文化中工作？

10. 你是否留住了最优秀的人才？

11. 你的市场份额是在逐年增加吗？

12. 你和你的员工之所以快乐且充实地工作是因为你们愿意在这里工作吗？

13. 你是在有目的性地工作，还是在被动地埋头苦干？你的公司的优先事项每天都在变化吗？

14. 是否每个人都致力于让自己和他人为维持和强化你想要的企业文化而负责？

上述这些只是评估文化的几个问题。如果你不能对这些问题回答"是"，那么你就不能认为自己所处的文化类型是健康的。

选择有目的性的文化还是被动反应的文化

这取决于你从此把本书藏入书柜，还是继续履行你对自己、对你的团队、对公司的承诺，尽你所能成为最好的领导者和教练。你的团队和企业文化都不会因你的个人意志而改变。

遗憾的是，采取这种被动方式是要付出代价的，尤其是大多数公司都默认了一种以结果为导向、以恐惧为基础的文化。事实上，我接触过的99%的公司都承认，它们的文化是由结果而不是人来驱动的。当每个人、管理者、团队、部门和组织都有其各自的目标时，这是一种职业危害，因为每家公司的主要业务目标都是评估结果。

关于目标，你可能会从每位高管那里听到不同的声音，或者在每家公司的网站上找到它们，或者会在办公室墙上看到镜框里的公司愿景，即我们把人置于第一位。也许这就是他们的目的，在经济形势好的时候，他们往往会这样做。但是，当有一笔交易或者一个巨大的创收机会可以实现或者突破业绩指标时，教练工作可能就停下了。结果总是优先于员工培养，而不是在发生高风险情况时给予其强有力的教练式指导。

令人担忧的是，当把结果奉为圭臬时，不管随之而来的损害是什么，大多数公司都会以一种被动反应的方式培育文化。创建伟大的企业文化需要有明确、专注和清晰的愿景，而这些愿景将成为组织的蓝图。当教练式指导不知不觉地融入人们日常接触和交流的方式中时，这才是一种健康的教练文化。

> 与其让你的文化定义你的人，不如让你的人定义你的文化。

战略沟通文化

无论你是想成为出色的领导者，还是计划在公司内部实施一项培训计划，你都很可能感到力不从心。恐惧悄然而至，你可能会想："如果公司内部达不成一致意见怎么办？如果它成为另一个失败的项目怎么办？如果我不是一个好教练怎么办？如果我不想当教练怎么办？如果我的团队不接受这种教练怎么办？如果我是唯一一位这样做的经理怎么办？如果业绩真的下滑了怎么办？"没有人希望自己处于这样的境地，或者在计划执行不力后感到难堪。

与其让恐惧主宰一切，不如重新定义你的观点，将任何计划的失败都看作为了确保教练成功而忽略了细节之处的结果。这适用于你、团队或者其他经理的主导性工作。培育一种文化，并且成为一名富有感召力的、受人尊敬的销售领导者就是要不局限于根据一系列的策略、流程、报告或者调查来制定一条基准线。就像教练一样，它绝不是你在计分卡上的一个复选框。培育教练文化的关键在于要从思维或行为上进行一系列战略性的、灵活的改变，并将其付诸实践。这包括你将在教练式谈话中使用的问题，所有这些问题都是用我提到的教练轨迹精心编写的。这些模板供你们使用，以实现指导最佳实践的基准，而且它们能促进非常有价值的教练式谈话。这是创建战略沟通文化的必要条件。

为什么要培育战略沟通文化？因为所有积极的改变（无论是外在的还是内在的）都是基于沟通的。只有当思维和行为都发生改变时，人类社会才能实现进步。

回想一下当你想让事情变得更好时，你会从哪里开始？你做的第一件事是什么？你会在大脑中进行一次自我对话，先告诉自己想要什么、为什么想要，以及如果我们相信自己有能力实现该如何行动。

在你继续之前，你必须记住这一点：你的内部沟通将决定你的外部体验、结果、幸福感、成就感、自信、个人成功以及成为变革型的、具有影响力的领导者的能力。如果你有任何的自我怀疑，这里有一个促使你改变自己的方法：拿出你的笔记本电脑、平板电脑或者手机，安排足够的时间写下你的生活故事，以及为什么你会成为现在的自己；然后写出你无法成为你想成为的人的所有原因。

一旦你写出了这些故事，就忘了它们吧，是时候开始写新的故事了。以前的故事已经发生了，你不应该对它们怀有恨意，它们或许会陪伴你的一生，使你所做的每一个决定和行动都有依据。如果它们对你而言已经没什么用了，那就把今天当成你的重生之日吧！你相信自己有能力通过语言文字创造你的现实，当然也包括你内心的对话。

你不是由自己过往的经历和信念来定义的。这本书不仅会引导你改变行为，而且还会引导你转变思想。你会养成像一个有才能、有价值的销售领导者那样的思考习惯，而过去的经验将对你失去影响力。努力学习，你总会有所收获。首先要从向自己提出一些正确的问题开始，去挑战你不想要的现实，创造你想要的现实。

> 如果你的主要关注点是改变你的公司和员工，那你就会失败。改变要从你自己开始。当你改变了自己的时候，你就成了他人的榜样，并激发了他人积极的改变。

教练文化的 34 个特征

衡量教练文化对企业的影响很重要。然而，教练文化应该是什么样的呢？教练文化应该是一种统一的文化，每个人都想参与其中。以下是教练文化的一些典型特征：

（1）接纳；（2）责任制；（3）真实性；（4）关怀；（5）协作；（6）沟通；（7）信心；（8）创造力；（9）效率；（10）赋权；（11）道德；（12）卓越；（13）家庭第一；（14）无畏；（15）有趣；（16）成长；（17）诚实；（18）健康的关系；（19）创新；（20）完整性；（21）终生学习与发展；（22）践行你的个人价值观；（23）爱和联结；（24）积极性；（25）专业；（26）自我意识；（27）自我保护；（28）无私；（29）服务；（30）支持；（31）最佳表现；（32）团队合作；（33）透明度；（34）信任。

你的文化是否符合上述标准？你能举出具体的例子来说明这些特征是如何在你的企业文化中体现的吗？

> 归根结底，教练文化是人的文化。

为你的文化变革做好准备

现在，你已经对教练文化有了比较透彻的了解。下面我们来看一下，影响组织文化的健康和成功的七大支柱是什么。

实现文化卓越的七大支柱

1. 目标——为什么。你为什么要这么做？

2. 人——谁。你是否做到了人尽其才？确保这些人拥有相同的价值观。

3. 能力——精通。精通技能、知识和保持敏锐。

4. 流程——如何。员工入职、销售、培训、面试、采购、处理绩效问题、合规管理以及每个部门的其他流程开发，以保持一致性、效率、增长和成功。

5. 产品——卖什么。是产品、服务，还是两者兼而有之？如果你进行了竞争分析，你会给你的产品或服务的卓越度打多少分？

6. 感知——态度。你的态度、你的客户的态度和组织的态度决定了你公司的参与度、协作、责任、忠诚、正直、动机、卓越和积极的教练文化的所有特征。战略、服务和技术是外部运营的另一部分，即参与和执行的规则。你的态度和心态决定着成功或失败。这既是你组织的核心，也是你的起点。如果没有正确的态度，你所精心创建的一切将在不良思想的压力下崩塌。

7. 绩效——评分。如何衡量个人和组织的生产力及成功与否？

如果企业在以上七个领域中的任何一个领域表现得差强人意，那就很难实现和保持优秀的文化。在开始创建文化之前，我们需要有一个坚实的基础。记住，建筑要想越高，地基就要越深。

评估你当前的文化

一些领导者力求把握企业文化的现状，这样他们就有了可以衡量发展的基准。这个问题很好解决，我们只需准备一个包含几个问题的、匿名的简短调查就足够了。一些公司会使用更详细的第三方评估，还有一些公司会问一两个问题来评估员工的参与度（我们可以在网上找到很多这样的调查平台）。

如果调查的目标很明确，你就有机会来收集更多的客观数据，而不是让人们匿名利用这些数据来发泄不满情绪或者指责管理者和公司。

人们对教练都有自己的定义。为了确保一致性，在调查最开始时应该提供一个关于教练的通用定义，以确保调查对象基于对培训的共同理解来评估公司。最后，要确保你很清晰地说明了调查的目的和对每位员工的好处，因为人们会排斥自己不理解的东西。

以下是你可以在调查中使用的 10 个问题。虽然所有问题都是有价值的，但是你也可以用更少的问题得到更好的回答。你可以根据需要和你想使用的提问风格来修改它们（比如打开文本框、多项选择题和检查列表等。）

- 你会推荐别人来我们公司工作吗？
- 你如何评价我们公司的环境以及文化的健康程度？（1 ~ 5分，1 分是最低分）
- 你会选择哪五个词来描述我们的文化？（文本框或多项选择）
- 你如何评价你的经理对你成功的支持和承诺？
- 你如何评价你的经理在培养和指导你实现目标方面的工作效率？
- 你从你的经理那里得到的指导是否具有连续性？
- 教练是否能显著提高你的绩效、生产力、态度和工作满意度？（每个问题只能衡量一个结果。在这个例子中，绩效、生产力、态度和工作满意度将被分成四个不同的问题。）
- 你对自己的工作的满意度如何？（1~5分，1 分是最低分）
- 你最喜欢公司的哪方面？
- 如果你可以改变公司的三件事，你会改变什么？

为文化变革之旅做好准备

许多公司自认为已经拥有健康的教练文化，而事实上它们并没有。这是因为你会被成功所蒙蔽。你可能会想："我们正在实现增长目标，所以我们必须把每件事都做好。"这些公司也告诉我，它们几乎不了解经理们说如何培育、支持和教练他们的团队。

其他一些公司的领导者意识到，不管业绩如何，他们都需要帮助。这些领导者更有自知之明，他们放弃了他们的自我意识，通过寻找资源来不断学习和成长。

问题总是比答案更重要，你得到的答案取决于你提出的问题。

虽然你可能觉得自己需要答案以保持继续前进，但答案只有在遇到问题时才会出现。因此，我没有提供清单，而是提出了 38 个问题来激发创造力、创新和战略思维，以确保你在文化变革中如鱼得水。请注意，这些问题没有任何特定的顺序，所以请随意按照你喜欢的顺序排列。

教练文化问卷调查

1. 教练的普遍定义是什么？能够被整个公司接受和采纳的教练文化的普遍定义是什么？

2. 如果你的经理转变为优秀的绩效教练，你所经历的哪些问题和挑战会被最小化或者迎刃而解？

3. 你为什么要创建教练文化？

4. 你可衡量的目标以及你预期的、将决定计划成功与否的结果是什么？

5. 你理想的个人形象是什么？你认为领导者、教练、销售人员、员工等最重要的品质是什么？

6. 你将使用什么实用的、易于整合的教练框架和方法来确保整个组织的一致性？

7. 在公司外部，谁是这方面的专家？他将在计划实施的过程中支持你，并确保所有最佳实践都被采纳。

8. 你是在公司内部建立教练体系，还是与该领域中可靠的公司或者领袖合作，为你创建并交付这个体系？

9. 谁将担任引导者／培训师或者执行整个指导计划的教练？（不管内容多好，如果找错了培训师和教练，这个项目就肯定会失败。）

10. 你会考虑用外部教练来支持你的内部培训以及培训那些可能需要个性化培训的人吗？

11. 谁将负责该计划，并对其启动、实施和成功负责？谁将成为布道者、倡导者和利益相关者？在整个计划的实施过程中，他们会有自己的教练来支持他们吗？

12. 什么时候启动培训计划？启动培训计划、安排线下或虚拟领导力教练培训以及对销售人员和每个部门进行教练培训的最佳时机是什么时候？

13. 谁将参加最初的培训计划？高管、中层还是一线经理？哪个团队或部门将第一个参加本课程？

14. 你会从个人教练、小范围试点还是全面推广开始？

15. 在整个计划的实施过程中，将实现哪些目标、获得哪些可衡量的结果以确保成功？

16. 有多少人会参加最初的教练培训课程？

17. 你们为实施领导力教练项目安排了多少天的培训？

18. 每个部门有多少员工会参加这个课程？

19. 你是如何介绍这项计划的（公司内部电子邮件、团队会议、单独会面，还是你会把所有这些沟通平台整合起来）？介绍给谁？

20. 一旦宣布实施计划，你的时间表和推进步骤是什么？该计划分成哪几个明确的阶段？顺序如何？在什么时间段内执行（参见附录，了解要采取的步骤以及需要进行的关键谈话的顺序。在计划发布后，持续地教练、观察和参与将成为你日常工作的一部分）？

21. 你将如何确保高层领导团队的支持、承诺和背书，以确保这是一个无法改变的优先事项，并且不会与其他计划冲突？高层领导是否也会像其他员工一样接受培训和指导呢？

22. 你的团队是否实现了人尽其用？

23. 最初的培训形式是什么？首次培训是在线下还是线上进行？是否通过电话、视频会议进行？需要开发网络课程吗？

24. 培训地点要选在公司外（这需要考虑差旅费和往返时间），还是公司内？

25. 在最初的教练培训结束之后，你将如何维持、加强和嵌入教练？是通过公司内部培训／教练强化、高级课程、虚拟交付／视频会议、在线培训和资源、网络研讨会、视频、团队辅导、一对一教练和小组间辅导来实现最佳实践并互相学习吗？

26. 你对你的经理有明确的职位描述吗？每位经理都清楚最重要的事情以及他们需要将大部分时间用于团队开发和培训吗？

27. 你将如何管理培训过程？你会考虑采用什么技术手段（比如在线教练平台）来进一步支持和管理每一名教练过程和进度？

28. 你将如何衡量每位经理的培训质量？你如何确保自己对每位经理的培训数量和质量有足够的了解，从而避免评估活动变成形式主义？

29. 你将如何借助客户关系管理来发现培训和成长机会？

30. 你将如何确保一对一培训效果的一致性？

31. 教练的课程安排和节奏是怎样的？是对公司内部的每个人进行团队指导，还是个人指导？要安排培训吗？是动态的情景式培训还是观察式培训？多长时间培训一次？

32. 你如何确保教练的基本原则得到尊重？你会选择"永远做教练（always be coaching, ABC）""永远做同伴教练（always be peer coaching, ABPC）"还是"永远做志愿者（always be enrolling, ABE）"？

33. 你希望你的经理参加的教练课程包含哪些模块和主题？你如何确保你的计划中没有遗漏任何模块或者关键主题？

34. 你打算如何为这样的投资做预算？如果你不能合理地投入时间和金钱，那就干脆省了吧！

35. 当你试图让教练成为每位经理、销售人员和同事的日常工作职责时，有哪些可能出现的障碍会导致教练失败？

36. 你将如何确保计划在整个公司内被接受呢？当涉及提供一致的教练和被教练时，你将如何让人们承担起责任？

37. 你打算把什么类型的教练、倡导者、团体或者教练联盟组织在一起（他们将在整个计划中以及计划完成后支持利益相关者和参与者）？谁将扮演责任合伙人的角色，以确保教练文化的持续？谁将成为你的首席培训官？

38. 与其强迫人们去教练和接受教练，不如使用计分卡/人力资源规定。你将如何强化员工认真参与教练的意愿？

如果很难改变你的企业文化，那就创建一个亚文化

虽然许多公司可能还没有准备好制订培训计划，但也会有一些管理者想要学习如何成为有感召力的、具有变革精神的领导者和娴熟的教练。这就是本书接下来要讲的内容。我们将看到通过确保管理者建立教练文化的基础来支持组织的最佳实践。遗憾的是，许多试图在公司中发起积极变革的管理者最终却因为老板或高层领导的反对而感到沮丧、失望和心灰意冷。你可能听过这样的话："虽然这很重要，但它不是我们的首要任务。现在培训已经够多了，我们需要业绩来确保实现今年的收入目标。"这是很具有讽刺意味的，为了实现目标而不愿意承受最后一刻的决定、熬夜和临时会议的压力，并耗尽最后的体力和心智爬过终点线，却忽略了最重要的事情，即你需要教练你的员工！

> 让员工免受来自高层的压力是每位管理者的责任。

与其试图在短期内改变企业文化，不如创造一种亚文化。

你能改变一种以指标为导向的文化吗

作为一位作家和文字工作者，我坚信现实是由我们使用的语言创造的。因此，当你改变语言的时候，你就有能力改变你的思想，从而获得新的且更好的结果。在以下的故事中，我将讲述一群高层领导在这方面的经历。

在西班牙的马德里，我为一家财富50强公司的大约80位高级销售主管举办了一个工作坊，他们将学习如何通过有效地教练他们的销售团队、同事和跨职能团队来进一步影响他们的组织。他们质疑管理者是否真的有能力在没有权力的情况下对文化产生影响，从而使他们能够以可持续的方式有效地指导自己的团队，尤其是在没有先例的情况下。

他们担心的是，如果他们公司的整体文化不是教练文化，而是注重结果的文化，即绩效高于其他一切（包括员工），那么从长期看，他们的教练工作是否仍然有效。

失望、沮丧、心灰意冷，这些管理者真的希望发起积极的改变，但他们感到很无助。他们认为自己无法影响公司的文化，更无法做出积极的改变。因此，他

们并没有成为改变的发起者，而是尝试无视这个体系，容忍当前的文化。

想想我们所处的环境。任意选择一个国家，想想在一个更大的文化中存在甚至共存的文化。现在，想想你的企业文化。不管你的公司规模有多大，管理者们都很难弄清楚他们要做些什么才能对他们的工作环境产生可衡量的影响。

这种挫败感通常会在管理者的评论中表现出来。

基思，我知道这种训练有效，但你只是让我们模拟了当我们可以用问题引导对话，并且更有效地彼此交流时可能会发生什么。我非常相信教练的力量，但是我从我的老板、老板的老板以及公司高层那里得到的信息是"要么做出业绩，要么离开"。

所以，在一切顺利的时候，教练式指导是非常有益的，但是在绩效评估时，或者当你团队的销售业绩比目标低了30%，而离这个季度结束仅剩一个月的时候，它就会被抛到一边。

那时我心里想的是，我的计分卡看起来是不是很糟，这将影响我的团队、我的奖金、我的声誉以及我的职业生涯。我们为世界上最大的公司之一工作。我们是一个以关键绩效指标（KPI）、计分卡和结果来驱动的组织。虽然我很想看到积极的改变，但到目前为止，公司对我们的衡量标准不是我们作为教练的效率，而是我们的目标达成情况和绩效。

我绝非第一次听到这样的表述，我对此深有体会，并对这些经理深表同情。尽管我能理解他们的处境，也能理解他们为何认为没有改变的希望，但作为一名教练，我不会为了服务某些人而限制自己的思想，也不会人云亦云。

无论你为哪家公司工作，尝试改变其文化往往会让你感觉像是要迅速改变行进中的战舰的航向，我确实很理解并尊重这种感觉，尤其是如果你服务于一家大型的全球销售组织。实施任何类型的变革可能都会让人感到难以承受、风险重重、沮丧和耗时费力，尤其是在需要实现绩效目标的情况下。

创建一种亚文化

在马德里继续这个工作坊的同时，我有了一个想法。我没打算说出来，也没有在我的演讲中提及。我转向那些高级销售经理，问道："如果你创造自己的亚文化呢？"

和一些非常聪明且有经验的人在一起，我需要证据来支持我的想法。所以，在我进一步阐述我的观点之前，我要确保我基于的事实没有问题。于是，我们都拿出了手机，找到了韦氏词典是如何定义"亚文化"这个词的。

以下是我们的发现：

一个民族的、地区的、经济的或社会的群体，其表现出的行为特征足以使其区别于其他群体。

这似乎说出了我想说的。然后，我们查了在线字典 Dictionary.com，其中亚文化的定义为：

◎ 一个社会中特定群体所特有的文化价值观和行为模式；

◎ 一个社会中拥有共同的习俗、态度和价值观的群体，通常有俚语或不同的交流方式。亚文化可以围绕共同的活动、职业、年龄、地位、民族背景、种族、宗教或任何其他统一的社会条件组织起来。

这个定义进一步强化了我向每一位想要创造积极变革的管理者提出的下一个问题。我提出了一个很少有人能回答的问题来回应他们的担忧：如果创造你想要的亚文化是可能的，那么你要如何去改变一种文化呢？你应该如何培养人才呢？

答案就是人和对话。

无论你为哪家公司工作，看看你的团队，然后问问自己："是谁创造了我们团队的文化和环境？"是你。你在每一次谈话和互动中创造了这样的文化和环境，无论是在面对面的会议、电话交谈、短信、即时通信工具，还是在电子邮件中。

因为在每一次互动中，你都在做两件事中的一件：你是在建立信任，还是在摧毁信任？你是在培养人才，还是在让他们丧失信心？

请不要忽视这样一个事实：创建理想的教练文化或亚文化是你的责任，这是一种可以在一个更大的文化中共赢共存和发展的积极的环境。创建一种合作的、可教练的、自我驱动的亚文化完全在你的能力范围内。

在理想情况下，公司将转变为创建一种真正将员工置于结果之上的文化。但在这一切发生之前，你的团队、部门可以成为践行新文化的先锋，而不用顾及周围或者整个公司发生了什么。从那时起，你创建的亚文化将在你的组织中有序地传播开。这就是如何由内而外地去改变一种文化的方式。

> 在你醒来开始一天的工作之前，你要问自己的第一个问题不应是"我能做些什么来实现我的商业目标"，而应是"我今天能做些什么，可以让我的员工比昨天更有价值"。这样做的结果是，你既实现了自己的商业目标，同时又培养了一批未来领导者。

可以确定的是，你的工作职责并没有改变，改变的是你与直接下属、同事、老板和客户打交道以及支持他们的方式。不管你在什么样的文化中工作，你如何与他人沟通、如何支持他人完全取决于你的能力。当你要利用这种能力去激发积极的改变时，就要使用领导者的语言、教练的语言。

你就是文化

尊重这一理念，拓展你的思维去创造一种亚文化。这种亚文化能够促进变革，并创建一种你和你的团队实现蓬勃发展所需要且迫切需要的环境。

不管你的文化是什么，团队成员每天都会和你进行互动。这就是你发挥影响力的时刻，你就是文化，或者至少是亚文化。

因此，在你的团队中创建亚文化完全取决于你的个人能力，取决于你熟练地、有针对性地与团队中的每个人（包括你的同事、跨职能团队和客户）沟通、互动和打交道的方式。

你可以这样想：不管你乘坐的是哪一列火车，不管列车长的工作风格是否与你不同，这都无关紧要。当他引导你们朝着实现共同的业务目标前进时，请记住这一点：当你登上那列火车时，你可以选择你的车厢、座位和视野。这就是为什么从根本上说你就是文化。

> 如果整个组织都是这种文化组成的一部分，那么每个人都是教练。

停止销售，开始教练

当谈及加速增长、收入、员工发展和生产力时，每家公司都想要回答的问题是：我们如何才能保持竞争优势、建立品牌知名度、超越竞争对手，并持续实现销售目标？

你的客户已经发生了改变，销售人员也必须改变。这就是为什么顶级销售人员也是顶级的教练。你必须把你的销售人员培养成指导客户获取成功的顾问式销售教练，而不是用你的竞争对手使用的过时技术来培训销售人员。

顾问式销售教练

作为高管销售培训的倡导者和开设专门致力于将销售领导者和所有管理者培养成世界级教练的课程的第一人，我不断注意到销售领导力培训与专业销售之间的相似之处。

我的客户也开始认识到这一点。实际上，在我主持的每一个销售领导力培训项目中，我都会听到参与者说："基思，在读你的《王牌销售团队：送给销售经理和公司高管的实战手册》时，我想到教练模式也适用于销售。如果教练的艺术是创造新的可能性，而且总是与教练有关，那么同样的模式也适用于销售。"

事实上，这就是我的销售方式。我不卖产品，我只为潜在客户提供教练，这就是为什么教练和销售的定义是一样的。

销售是创造一种新的可能性的艺术。

成为优秀销售人员的秘诀

你是否曾将一名优秀的销售人员提拔到管理岗位上，却发现他们在管理、发展和培训团队方面无所作为？为了解决这个问题，我将告诉你如何让未来的管理者为其职责做好准备。

销售培训不是解决问题的方法。要培养新一代成功的销售领导者，就要把销售人员培养成顾问式销售教练。这样，当他们晋升到管理岗位时，他们就已经具备了领导者的核心能力，即教练。此外，在这个过程中直接融入销售人员的培训方法，可以减少提拔不合适的人选进入管理层的风险。

设想一下，如果你的公司里的每个人都学习并接受了教练的语言和方法会发生什么？只有这样，你才能建立起企业联盟、统一战线、共同愿景和一流的教练文化，从而培养出未来的领导者。

最好的领导者和销售人员——教练

针对销售人员的教练模式与针对管理者的教练模式有什么不同吗？完全没有。这是个好消息。我的教练模式会保持不变，但真正唯一改变的是谈话。

销售人员不再局限于管理者与其直接下属之间的教练式谈话，而是充分利用与潜在客户、现有客户、同事、老板、合作伙伴、朋友和家人（包括孩子、配偶或其他重要的人）之间的教练式谈话。

现在，销售人员可以指导客户，帮助客户找到适合他们的解决方案；客户也将有更大的自主权，而不是被告知应该买什么。

> 领导力的新语言是教练式的，销售的语言也是教练式的，每个部门的语言都是教练式的，所以，你的文化语言也应该是教练式的，只有这样，才能创造完全的组织一致性：管理者教练＋销售／非销售教练＝优秀的教练文化。

创建一种能够激发更大创新和培养人才的教练文化的第一步就是把每个人都培养成世界级的教练。当你组织中的每个人都说着同一种语言，而且每个人，无论其任期、头衔、部门或职位如何，都能得到有效且持续的指导，那么结果将是出人意料的。

以上介绍的就是你该如何成为市场领导者并保持地位，以及如何让你的同事、团队和公司专注于一个统一的愿景、战略和共同的目标。

> 关于词汇选择的提示：我习惯于交替使用意义相近的词汇，比如"框架"和"模板"，"经理""管理者"和"领袖"，"指导"和"教练"。这样的写作风格或许会引起完美主义者的不快。

我们已经讨论了要使你的企业文化转变为教练文化需要做好哪些准备。本书的其余部分更加令人兴奋，因为它聚焦于一个决定你公司成功与否的关键因素——你！

Sales Leadership
The Essential Leadership Framework to Coach Sales Champions, Inspire Excellence, and Exceed Your Business Goals

L.E.A.D.S.教练模式：
帮助你向教练转型的指导框架

在介绍全新的 L.E.A.D.S. 教练模式（它将成为你每次谈话的沟通策略）之前，让我们先来看一封邮件，它是曾经参加过我的培训课程的一位经理发来的。

当你阅读这个故事的时候，请注意，教练并不只是发生在办公室里，而是发生在每一天、每一个场景、每一次谈话中。

你好，基思，我想和大家分享一下我今天早上的一段互动经历。在参加过你们的课程后，这次经历好像让我有了新的想法。

首先，我要说的是，我今天早上心情不好。我在镇上唯一一家做百吉饼的店铺外等着买百吉饼。这家店通常要排很长的队，今天也不例外。排队的时候我有点不耐烦。当我感觉自己无所事事的时候，我的大脑就会加速运转。

我饥肠辘辘地站在那里，烦躁不安。突然，我感觉有人在看着我。我低下头，看到一个大约五六岁的小女孩，正带着温暖的微笑凝视着我的脸。我礼貌性地对她笑了笑，继续心不在焉地查看短信和电子邮件。几分钟后，她和她妈妈的对话引起了我的注意。

女儿说："妈妈，那位女士真的很漂亮。"

妈妈回答说："你能否不指指点点就告诉我你在说谁吗？"

"她就在我们后面。"女儿说。

这位妈妈微笑着看看我，然后问女儿："如果你告诉她你觉得她很漂亮会发生什么呢？"

女儿停顿了一下，回答道："嗯……我不知道。"

"当有人称赞你的时候，你是什么感觉？"妈妈问。

女儿咯咯地笑着说："感觉非常好。"

"那么，如果你告诉她，你认为她很漂亮，她会有什么感觉呢？"

女儿没有回答她母亲的问题，只是笑了笑，然后转向我，又礼貌又自信地说："对不起，打扰了。我叫莉比，我觉得你很漂亮。"

莉比的赞美让等待的过程变得很愉快，我的一天也因此变得更加美好。我真诚地感谢了她，又和她聊了几分钟，她说星期天是她一周中最喜欢的日子。

她还告诉我："我觉得百吉饼就像纸杯蛋糕。它们真的很好吃，但是只有当它们显得很特别的时候才好吃。如果我们经常吃它们，它们就不再特别了。"这个小家伙还真有见解！莉比的自信和活泼给我留下了非常深刻的印象。

首先，正如我看到的，这位母亲在教育孩子方面似乎游刃有余。我没有孩子，所以在这方面我似乎没有发言权。然而，在我与莉比和她的妈妈交流之后，我想到在其他父母和孩子之间，当然还有我和我的团队之间可能会发生一些类似的情况。

善良的家长如果发现自己的孩子能够让他人的一天变得更加愉快，他可能这样回应孩子最初的陈述："你应该告诉那位女士你觉得她很漂亮，因为这会让她很快乐。"孩子可能会勇敢地向陌生人表达自己的赞赏。这种指导性的方法也可能适得其反。如果莉比的妈妈从来没有花时间去了解她的感受并且拓展她的视角，那么莉比可能会出于恐惧或者不适而说些什么。

其次，这位母亲似乎意识到这是一个增强莉比自信心的机会，而不是仅仅想培养她的勇气。使用开放式问题似乎鼓励了小莉比，让她决定了下一步应该做什么。当莉比行动时,她显然对自己的决定很有信心。

就我个人而言,我很感激有机会从一个我可能会错过的角度来体验这种互动。我想与你们分享这个故事,感谢你们以这种方式影响了我的想法。当你开始从不同的角度看问题时,你会惊奇地发现很多不同的东西。谢谢!

阿曼达

这个故事形象地说明了教练、耐心和活在当下的力量。无论是在工作中还是在生活中,教练都是最有效的沟通方式之一,也是精英们的首选语言。

提问:世界通用的语言

教练框架是由精心设计的精准问题所组成的,以促进沟通,从而使人们能够自我反省,并自行得出解决方案或新的见解。

教练的核心理论很简单:在每次谈话开始时,通过适时、开放式的问题来了解每个人的观点、目标、动机、技能、优先事项、优势、行为和思维方式,从而挖掘他们的个性。强有力的问题能够鼓励人们发展自己解决问题的能力,增强他们的自我意识。如果人们无视自己的不足、思维受到局限、看不到自己需要做出哪些改变或者找不到有效的解决方案,这时才是教练分享观察结果并出谋划策的最佳时机,人们会从自己看不到的东西中受益。

精心设计的教练式提问使人们能够:

- 成为更好的战略思考者,可以解决自己的问题并创建自己的解决方案;
- 在生活的各个方面都承担起责任;
- 挖掘自己的个性;
- 暂停、思考、讨论和反省每一种情况,拓宽视野和提高认知水平;
- 挑战自己的行为和思维方式,找出自己在信仰体系、行动、行为或者态度中看不到的任何假设、限制和差距;
- 找出问题的根源,从而将其彻底解决,而不是治标不治本、解决了错误的问题以及继续那些浪费时间的冗余谈话；

- 培养自信、自尊以及成为明星销售人员和组织领导者所需的教练技能；
- 要意识到，在大多数时候，人们心中自有正确的答案；
- 信任管理者，培养良好的人际关系。提出问题和洗耳恭听可以让人们知道你关心他们，他们在被倾听并得到了尊重——这一切都是因为他们值得你付出时间和精力。

如果你通过提问能够帮助人们重新思考他们现有的假设或观点，或者帮助他们获得一个新的想法、解决方案或答案，那么他们也创造了想从你那里得到的东西，这就是答案。

> 你是否有一个完美的答案并不重要。人们经常对他们所听到的有抵触情绪，他们只相信自己所说的。这就是为什么问题总是比答案更重要。

人们拥有的是自己创造的东西。如果他们有自己的想法，就更倾向于按照自己的解决方案或者按照更健康的思维方式行事，而不是被告知应该做什么。充分发挥人们的能力可以帮助他们树立信心和掌握技能，建立起每个管理者都想要和需要的团队责任感，并腾出时间来专注于首要目标，即成为金牌教练。

此外，持续的教练可以培养、强化和保持技能，促进态度和行为的改变，从而使你和你的团队实现更多、更大的目标。

教练的普遍定义

如果你要请公司或团队成员给"教练"下个定义，那么你肯定会听到各种不同的答案。所以，在你开始开展教练活动之前，需要让他们对"教练"的定义达成共识。

毕竟，基于经验或假设，每个人对教练是什么及其作用都有自己的定义。因此，我为你们提供了一个能够被所有经理、团队和公司接受的通用定义。

当你仔细阅读该定义时，请注意我是如何明确教练的职责、预期的，以及像世界级领导者那样沟通和行事意味着什么。

许多管理者都错误地认为，只有在解决问题、面对不佳业绩或者帮助完成销售时才有机会给予教练。其实，教练的作用远远超越了这种狭隘的观点。每一次谈话都是一次教练式谈话。

教练是一种通过以下方式与他人保持沟通、联系和互动的方法：

- 通过更深入、开放式的问题以及在合适的时间分享你的观察，共同创造新的可能性，以展现出一个人最好的一面；
- 挑战现有的观点和假设，以激发自我意识、责任感和解决问题的能力；
- 围绕目标，指导人们在行为、技能、态度或策略上确定和 / 或强化最佳实践或设定新的方向。

这是在一个安全和信任的环境中，通过一个持续互动、观察和无条件支持的过程来实现的，在这个过程中，教练会重点关注每个人独特的需要和才能，以促进他们长期且积极的变化。

修正后的 L.E.A.D.S. 教练模式——适用于金牌教练

既然我们已经了解了教练的通用定义，那么在每次谈话中你是如何实现这些目标的呢？

我最早在我的《王牌销售团队：送给销售经理和公司高管的实战手册》一书中提出了 L.E.A.D.S. 教练模式。你或许会注意到，我保持了教练框架的基础和步骤的完整性。

然而，L.E.A.D.S. 教练模式自提出以来已经发生了天翻地覆的变化（在与来自五大洲超过 75 个国家的 300 多万人共事后，你一定会学到一些新东西。我也不例外）。现在，对于销售经理、销售人员、所有管理者以及任何想要成为教练的人而言，它都更有效、更直观、更有策略性，且更容易执行了。

最让我兴奋的是它超越了所有行业、公司文化和地域。我特别注意到了独特的全球文化，以避免仅仅从一个美国人的角度创建一个框架。我想验证并确保它可以在全球范围内应用。

虽然每一个首字母缩写及其含义都没有变化，但这已经是另一个版本的 L.E.A.D.S. 教练模式了。本节的内容是非常具有策略性的，你可以将它作为模板用于今后的每次谈话中。不像我在上一本书中分享了数百个教练问题，现在我把问题缩减至 15 个（你可以在任何场景和谈话中使用这些问题）和 7 个必答的教练问题，它们将使你养成持续教练的习惯。

让我们开始详细了解一下 L.E.A.D.S. 教练模式。

> 虽然我保证教练方式适合指导每一位与你共事的人，但我不能保证你会成为你一个好教练！为什么？这是因为你不能将工作中的策略和实践复制到家庭生活中去。当我第一次尝试教练我太太时，她明确地表达了她的不满，她说："不要尝试改变我的思维方式！"现在，她负责我们关系中的教练工作（尽管我并不认为这是真正的教练）。

一个简单的教练框架

不管你在与谁谈话、谈话内容是什么，在每次交流中都有三个问题需要回答。

- **什么？** 这次谈话的主题是什么？我们的目标是什么？对方寻求哪方面的帮助？通过提问来掌握事实，从而准确地评估情况。

- **为什么？** 为什么会发生这种情况？为什么会出现这种情况？找出差距或者根本原因。这是教练（心态和技能上的）、指导、提出建议或分享观察结果的时机吗？

- **如何做？** 以战术行动为导向。你将如何前进并创造一个新的结果、可能性或建立更健康的思维方式？

遗憾的是，世界上多数管理者使用的教练和沟通框架似乎是这样的：

- 发生了什么？
- 这是你需要做的。

请注意，这绝不是教练！现在，你又回归到了首席问题解决官这一破坏性角色上。更糟糕的是，许多管理者相信这就是好的教练，而且公司经常误认为管理者已经在进行持续有效的指导了！

这里缺失了什么？提问，也就是"为什么"。除了"为什么"，这个无效的模式没有考虑到谁、如何以及什么时候。如果你只知道发生了什么，仅凭假设而不是通过评估和验证事实就提供一个解决方案，那么根本原因、差距、假设和错误的想法就都没有被确定，从错误中汲取经验并获得提高更是无从谈起。

在每次教练式谈话中都需要有意地、以特定的顺序提出一些开放式问题。现在，我们将深入研究新修正的 L.E.A.D.S. 教练模式的每一个步骤。

每家公司都有自己的教练模式。这就是本着追求一致性、灵活性和简单的精神，无论你与谁谈话，L.E.A.D.S. 教练框架和动员框架都不会改变的原因。唯一改变的是谈话、话题和学员。

L.E.A.D.S. 教练模式

我认为我的框架是实用的、非理论性的，并且易于操作。大多数教练框架都只是纸上谈兵、长篇累牍，只是列出了你需要实现的目标。它们让你自己决定问什么问题、什么时候问。然而，L.E.A.D.S. 教练框架随时随地都可以使用，非常简单，具体如图 2-1 所示。

如果你还没有读过《王牌销售团队：送给销售经理和公司高管的实战手册》这本书，那么你需要知道，L.E.A.D.S. 教练模式的缩写是：学习（Learn）、动员（Enroll）、评估（Assess）、定义（Define）和支持（Support）。

下面让我们仔细研究一下这个框架，以确保你更加了解每一个步骤的目标。

学习

目的：确定谈话的目标。

- 谈话的主题和预期是什么？
- 由于教练工作总是遵循着学员的日程安排，所以他们通常会以向你请教问题，或者请你帮助处理某种情况、实现某个目标和应对某项挑战等形式开始接受指导。所以，你首先要确定他们想要讨论的话题，无论是即兴的情景式教练式谈话还是计划好的教练课程（当你面对一些需要讨论或处理的事情而不知道该怎么办时，你可以阅读一下第 7 章）。

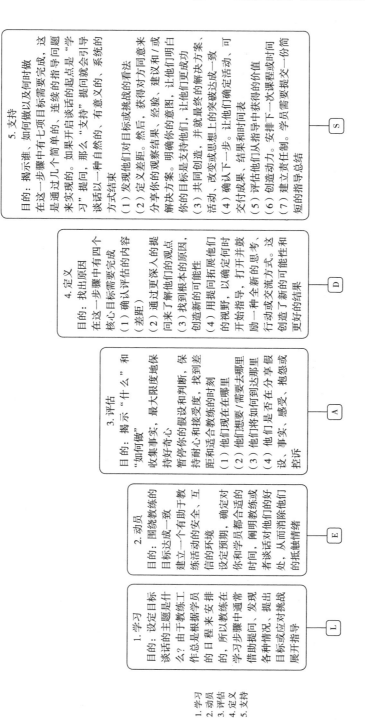

图 2-1　L.E.A.D.S 教练模式

用问题而不是答案来引导每一次谈话。这就是在每次谈话中，你要么评估事实、要么假设事实的原因。

动员

目的：围绕目标达成一致。

- 建立安全互信的环境，确保环境适于开展教练工作。
- 设定谈话的预期效果，确定既适合学员也适合你的时间，并明确他们可能得到那些好处，避免谈话起到负面效果。

评估

目的：揭示"什么"和"如何做"。

- 收集事实。保持好奇心。
- 暂停你的假设和判断。
- 保持耐心，虚心接受。
- 发现问题和适合指导的时刻：

  - 学员现在是什么情况？

  - 学员想要/需要实现什么目标？

  - 学员想成为什么样的人？（比如自信、无畏、乐于助人、受人尊敬、有耐心、有同情心等。这个答案可以反映出一个人的内在特质。）

  - 学员在实现目标的过程中缺少的是什么？

  - 学员将如何实现目标？

  - 学员是否有共同的责任、现实、感觉、抱怨或者症状？

仅仅有好奇心是不够的。优秀的教练总是有永不满足的好奇心。你还需要有学习、探索和深入了解每种情况、每个人和每个观点的愿望。

定义

目的：揭示原因。

在这一步骤中需要完成以下四个目标：

- 确定评估内容，以确保一致性和对问题的理解；

- 通过更深入的提问来了解学员的观点；

- 找到并确定根本原因（如果在"评估"的步骤中并没有找到），以解决挑战或创造新的可能性；

- 如有需要，通过额外的、深入且有拓展性的问题来进一步拓展学员的观点和眼界，以确定关键的指导时刻，从而开启并鼓励一种全新的思维、行为或交流方式。

支持

目的：揭示谁、如何做以及何时做。

这个步骤需要完成七个目标。如果你感觉压力太大，请不用担心。这些目标可以通过几个简单、连续的教练问题实现。如果以"学习"步骤中的提问开启谈话，那么"支持"提问则会以一种自然、有意义且系统的方式结束对话。

- 发现学员对于如何解决问题、实现某种既定目标、改变态度或者在行为、技能、策略、活动、资源和沟通方面实现积极的改变有了自己的观点。他们需要做出哪些改变来改善结果，成就他们的梦想？

- 缩小差距。一旦你了解了学员学到了什么以及决心做什么（无论是在行动、思想还是策略上），你就可以开始分享你的观察结果、经验、建议和／或解决方案了，以帮助他们弥补不足之处。在分享你的观察结果之前，先阐明你的意图，这样他们会明白你的首要目标是支持他们，并让他们更成功。比如你可以这样问："你想听听能让你更成功地解决问题，并让你获得你想要的结果的想法吗？"

- 在改变想法、策略、技能或者行为方面共同创建最终的解决方案，并对此达成一致。

- 确认接下来的步骤和截止日期。让学员确定具体的行动、可交付成果、结果和时间表。当他们制订出计划时，他们就需要对计划负责。

- 评估学员从教练中获得的价值以及需要改变什么（如果有），无论与主题或你的指导风格是否有关。

- 创造动力。安排下一次教练活动的时间。如果可以，确定你是否需要进一步关注学员决心做的事情，或者他们是否需要在下一次谈话或会面之前向你汇报他们所取得的任何进展或成果。
- 树立责任感。请学员给你发一份简短的教练总结，也就是所谓的"教练行动计划"（详见第5章），以展示他们的一致性、责任感、学到的知识、所做的承诺以及相关的最后期限。

L.E.A.D.S. 教练模式的战术性应用

我们已经详细介绍了L.E.A.D.S.教练框架及其每一个步骤的目标，是时候开始介绍具体战术了！以下是L.E.A.D.S.教练框架的每个步骤中可以使用的问题。你会发现这些问题几乎适用于你今后的每一次谈话。

请记住，这不仅仅是一个教练框架，也是你开始和结束每一次谈话都可以使用的新的表达方式和日常沟通模式。

这包括如何：

- 准备并开始谈话；
- 收集所有的事实和观点，并消除可能引起麻烦的假设；
- 通过教练、学习和达成共识来探索和工作；
- 确定下一个步骤；
- 树立个人责任感；
- 总结与你谈话和互动的价值，来强调学习、成长和教练的力量，这是学员可能忽略的联结；
- 收集反馈，以确认你的教练方式符合学员的要求，这可以彰显你的价值，建立你的品牌，提升你作为导师的声誉；
- 总结谈话。

L.E.A.D.S. 教练框架中的 24 类问题

《王牌销售团队：送给销售经理和公司高管的实战手册》一书中有300多个教练问题，这些问题可以供你在超过40个场景中运用。

在本书中，我列出了对应于 L.E.A.D.S. 框架每一个步骤的 24 类常见问题。与其把时间浪费在纸上谈兵的长篇大论上，我更愿意为你提供一些可以真正用于教练活动的内容。

我在 L.E.A.D.S. 框架的每一个步骤中都列出了相应的问题。以下我将对这些问题进行更精确的分类，用于特定场景下的教练活动：

- 明确责任的问题；
- 一致性问题；
- 假设性问题；
- 赞美性问题；
- 挑战性问题；
- 核心问题；
- 编码问题；
- 逆向问题；
- 授权问题；
- 动员问题；
- 扩展型问题；
- 预期问题；
- 隐含性问题；
- 学习问题；
- 消息型问题；
- 动力问题；
- 语言应用问题；
- 重置问题；
- 关系问题（比如内心活动、恐惧、自信、透明、自我价值等）；
- 角色互换问题；
- 反思性问题；
- 跳板问题；
- 策略性问题；
- 角色问题。

在安排提问时，请你注意问题的数量和类型。

为什么要死记硬背这些对你而言完全是全新的东西呢？在进行教练活动的时候，把框架和问题放在手边也是不错的选择！将 L.E.A.D.S. 框架和动员框架放在手边，直到你烂熟于心。无论是亲自教练还是远程教练，我建议你与学员分享你正在学习的这些内容，这会增强透明度、建立更深的联系和互信，表明你们正在共同经历这个学习过程。所以，把这本书放在手边，再扫描一份发送到电脑和手机上。

学习

- 学习问题：发生了什么？
- 学习问题：你是怎么想的？

这是在学习这一步骤要问的两个简单问题。特别是在一个即兴的、情景式教练式谈话中，你会发现，学员通常都是有所准备的，他们都有想要交流的话题。所以，有时你也可以不问。

如果这是一个预先安排好的教练环节，你至少应该提前24小时收到教练准备表格，并制订教练行动计划（可参考第5章中介绍的几个模板，包括两个新设计的教练工作准备表和一个教练行动计划）。

记住，教练活动一般由学员决定何时进行，因为是他们来找你，无论是计划好的一对一教练还是即兴的、情景式谈话。

还有一件事需要注意，那就是你不需要问所有这些问题。即使许多问题需要问（这对你开展教练工作非常重要），但你还是要使用那些你认为最合适的。

在本章结尾，我将为你提供一个简明的 L.E.A.D.S 教练框架，让你能够在10分钟或更短的时间内开展教练工作。

动员

- 现在是讨论如何实现你既定目标的好时机吗？
- 如果我们能够重新定义你的角色，让它更适合你，那么会发生什么呢？
- 想象一下，如果……【请自行填写】。把他们与你分享的目标填写进去通常是最有效的。例如，"想象一下，如果你能在年底升职和加薪，这对你意味着什么？"或者"如果你能达到销售目标，这会对你（你的家庭、生活质量和内心的平静等）带来什么影响？"
- 如果我们能让你获得你想要的成功，并且让你面临最小的压力，你愿意敞开心扉和我们讨论这个问题吗？

正如你可能已经注意到的，所有这些问题都是封闭式的。我从不指导经理如何问封闭式问题，因为他们已经驾轻就熟了，尤其是如果他们有销售背景的话。但是有些时候，你需要得到肯定或否定的回答来确定如何进行后续的谈话。如果你问了这些问题，并且得到了否定的回答（虽然可能性极小），那么这就变成了另一个教练活动。你要试着去了解这种否定答案背后的原因。

评估

- 预期问题：你的目标是什么？当你完成这个目标（情况、目标、挑战）时，你还想做些什么？你理想的结果是什么？

- 授权问题：如果你做到了，这对你意味着什么？

- 策略性问题：请告诉我具体细节（比如某种情况下的细节、与客户交谈的细节以及已经采取了哪些措施等）。

- 策略性问题：到目前为止，你尝试过吗？你是怎么做到的？

- 消息性问题：这次谈话你感觉如何？你对此做何回应？

- 策略性问题：你以前是如何处理类似情况的？在分享你的观点之前，你要先试着理解他们的观点和方法。

- 语言应用问题：当你说困难、沮丧、后退、合格、不知所措、价值、不合作和成功等时，你的意思是什么（详见第10章语言应用）？

定义

首先，复述你所听到的："为了确保我听到了你分享的内容，我重复一下，我听到的是……"然后，当你确定学员所说的内容和你复述的一致时，就应该深入研究以下问题，找到根本原因。

请记住，差距和根本原因很容易在评估步骤中显现出来，这就节省了你的时间，你可以跳过定义步骤，直接进入支持步骤。

- 核心问题：你认为为什么会发生这种情况？你认为是什么原因使你处于这种情况？

- 假定性问题：你会对客户、情景/谈话、对方、你自己做出什么假设？

- 假定性问题：你怎么知道那是真的？为了确保我们不是在做假设，事实是什么？

- 扩展型问题：还有什么是可能的？还有哪些事实呢？通过剥洋葱式的对话来拓展他们的视野，以找到事实或根本原因。

- 扩展型问题：从另外一个角度看这个问题呢？

- 反思性问题：你认识到或者了解到，如果问题被成功解决会有一个更完美的结果吗？

- 反思性问题：你遗漏了哪些问题？

- 挑战性问题：理想情况下，什么是你真正想要却又认为不可能实现的？

- 你所能描绘出的理想情况 / 结果是什么样的？

- 隐含性问题：最糟糕的情况会是什么样？这个问题可以有效地揭示人们心中任何非理性的恐惧和消极的假设。

- 挑战性问题：如果有，有什么是需要改变的？

- 角色问题：为了实现目标、改善关系、建立品牌、提高自我价值，你需要成为什么样的人？

- 隐含性问题：如果问题没有得到解决 / 事情没有任何变化 / 你无法完成指标，这对你会有哪些影响？这是一个基于暗示的问题，这样他们就能认识到不改变、不采取行动、不解决问题或不实现某些目标的代价。

- 一致性问题：我们分享的内容有哪些共同点？你们从中看到的共同目标是什么？你觉得我们（你和同事、直接下属、客户、家人、朋友等）在哪些方面意见一致？

- 编码问题：你需要养成哪些新习惯来取代那些对你毫无帮助的习惯？

- 授权问题：如果……会发生什么（例如，如果一周为你预约 10 次会面会发生什么）？这个问题让人们意识到如果他们做出了必要的改变，他们将会有所收获。

支持

- 反思性问题：你对如何解决这个问题或者达到你想要的结果有何看法？

- 如果我不在这里，你又必须做点什么，你会怎么做？

- 角色互换问题：如果我们互换角色，你处在我的位置，你会如何解决这个问题？（如果你以前曾担任过他们的职务，你或许知道他们眼中的生活是什么样子，但他们知道你的世界是什么样子吗？）

- 逆向问题：如果这不是真的会如何？如果你没有任何约束会如何？如果事实刚好相反如何？如果你的老板、客户或其他人与你的想法一致会如何？这将如何改变现状？

- 挑战性问题：如果你不能再把这个当作理由或借口，你将如何继续前进并解决问题 / 实现目标？这是一个非常好的问题，可以消除学员寻找借口的机会，并让他们完全专注于找出解决方案。

- 挑战性问题：我们既会专注于我们能控制的问题，也会专注于我们无法控制的问题。让我们专注于自己可以控制的活动和策略，这样你就能达到自己所想要的结果。这个问题将谈话的焦点从抱怨以及学员和教练无法掌控哪些事情，转移到学员可以做些什么来实现他们的目标上。

- 明确责任的问题：如果你知道答案，那会是什么？虽然这个问题听起来有点尴尬，但是当你听到学员说"我不知道"时，它就是一个好问题。你会注意到在大多数情况下，学员会有一个答案，而且由于你把它定位为一个假设性问题，所以比起那些有着"正确"答案的问题，它就容易多了！你只管板着脸问就行了。

指导学员找出差距

你已经了解了学员的观点、视角、差距以及需要学习什么，你也知道了他们的所知、所想、所做，以及他们是怎么做的、他们缺少什么（请参见本章最后一小节，来了解学员可能遇到的三种场景以及他们会做出的三种反应）。

如果他们已经能牛刀小试，并且提出了不错的解决方案或见解，那么恭喜你！这就是教练的成果。现在，让他们使用自己的解决方案，做他们想做的事，你的任务就完成了！

然而，如果他们的解决方案还不够成熟，你可以说："谢谢你分享你的想法。让我们一起来看看，以确保你的策略 / 解决方案能够达到你想要的结果。"

如果他们遗漏了什么（大多数情况下，他们都会如此），请先得到他们的同意，再分享你的补充意见，以确保他们能够采纳这些意见。你可以说："我能否分享我的一些观点？也许我可以帮助你得到你想要的结果，并且更成功。"

总结与下一步

保持进步和动力：在进行"支持"这一步骤时，确定学员的行动计划和责任，建立责任制，安排跟进或者下一次培训的时间，评估他们从教练活动中获得的价值，并要求以电子邮件的形式重述谈话内容。

- 明确责任的问题：关于活动和 / 或结果，你愿意给出什么承诺？

- 编码的问题：你能做些什么来确保自己养成好习惯，从而实现你的目标？

- 授权的问题：在这一点上，我该怎样做才能最好地支持你，并且成为一个负责的合作伙伴，以确保你实现你想要的结果（注意：不要说"我能帮上什么忙"，在学员的意识里，这个问题的意思是"你希望我帮你做哪些工作"）？

- 激发动力的问题：我们下一次应该何时联系，以确保你获得想要的结果？

- 明确责任的问题：如果由于某种原因你没有履行你的承诺，你希望我如何处理？

- 明确责任的问题：你希望我怎样与你沟通，并以你愿意接受的方式提出这个问题？

- 编码的问题：下次遇到类似情况时，你会如何处理这个问题？

- 学习的问题：你觉得我们的谈话怎么样？

- 我们找到了哪些新的可行性？你从中学到了什么？

- 这如何改变了你的观点／视角？

- 你认为最有价值／最有帮助／最有用的是什么？

- 如果有，你想让我在哪些方面改变我的教练方式呢？

- 激发动力的问题：你想在什么时候安排下一次教练课程呢？

- 什么时候可以用教练行动计划对我们的谈话、你所学到的以及你的承诺进行回顾？

在结束教练课程之前，确保你已经安排好了下一次课程或者后续跟进的时间。如果你没有机会安排，那就继续跟进，确保你们都能把这件事写入日程安排，或者可以使用在线日历来做这件事。

如何在 10 分钟或更短时间内完成教练工作

我希望修正后的教练框架能帮助你更快地进行教练工作，特别是在我进一步定义了每个步骤中存在的不同问题的类型之后。但为什么要在这里停下来呢？

我知道你很忙。如果你正在读这本书，我知道你关心你的公司、你的员工，并且希望做最好的自己！虽然上面的框架非常全面，但是如果你能在 10 分钟或更短的时间内指导任何人，会不会更好呢？

当然，有时确实需要更深入的对话。但对于忙碌的管理者来说，10 分钟的谈话消除了他们对教练时间过长的担忧。让指导工作更有价值的是你可以有效地利用时间，目的明确地引导谈话以获得想要的结果，而且只需要 10 分钟！

管理者们通常不知道教练式谈话的方向，也不知道谈话会持续多久。相反，他们会毫无章法，就像不会游泳的人被扔进了泳池。

我的公司——Profit Builders 已经培训了 10 多万名来自全球的管理者，帮助他们掌握了适用范围广、实用性强、影响力大、高效的培训技能。当然，一些教练式谈话需要更多的时间和问题来展开更深入的探讨，以发现可能会导致更具挑战性的情况的根本原因。

然而，在大多数情况下，你只需要这 12 个普遍适用且非常必要的教练问题以及 10 分钟时间，就能产生积极的影响，指导人们取得更大的成就。只要知道了从哪里开始、到哪里结束，你就可以更容易地养成教练的习惯。

快速指导：距离成功只有 12 个问题

以下的每一个问题都是非常必要的，你需要使用它们来收集你所需要的信息，以使教练工作有效开展。你能只用这 12 个问题就完成教练工作吗？有时，确实可以做到。实际上，你将在第 4 章中学习如何只使用一个问题就在 60 秒内完成教练工作！

1. 学习问题：发生什么事了？你的想法是什么？

2. 动员问题：现在是讨论我们如何一起努力以及我如何支持你，以便你能获得你想要的结果的好时机吗？

3. 评估问题：

   ● 你想要的理想结果是什么？你的目标是什么？

   ● 请告诉我，到目前为止，你做了哪些尝试或者已经做过什么？你是如何做到的？围绕活动、书面沟通、口头对话、异议处理、合理预期、项目管理、销售演示、会议和结果等内容进行详细说明。通过问"然后呢"得到更详尽的情况。此外，尽量了解他们过去是如何处理类似问题的。

4. 定义问题：

- 你已经和我分享了（重述你所听到的），如果你是教练，你认为这种情况或结果背后的根本原因是什么？你为什么会有这种感觉？

- 还有哪些事实？还有什么？

- 关于以下内容，你会做出哪些假设？比如情景和对话；对"压倒""困难""价值""一致""最佳交易"等词的定义；结果和可能发生的事；或者某个人、客户、上级经理、同事，或者你自己。

- 你有没有问过（你自己、别人）什么问题来验证你所相信的是事实？

5. 支持问题：

- 你对如何实现目标、解决当前情况以及改善技能、意志和态度等有什么看法？

- 需要做出什么改变？

- 如果学员错过了你观察到的东西，你可以这样问：我能与你分享一些观察结果吗？它们能帮助你获得你想要的结果，并让你更成功。在分享之前要征得他们的同意，这样他们才会愿意讨论。

- 你愿意对所采取的行动或获得的结果做出承诺吗？承诺会是什么？在什么时候？

- 你觉得什么是最有帮助／最有用的？

- 你打算什么时候与我联系，以确保你已经获得了自己想要的结果？

确定下个步骤、重新联系的时间以及他们的收获。然后，通过简要回顾谈话、学习和承诺对教练指导计划进行总结。

简化教练工作：你会遇到三种难题

在花费数千小时指导来自世界各地的人们后，你总会学到一些东西。出于不断简化教练过程的目的，我发现在"支持"这个步骤中，你只会听到三种常见的回答。意识到这一点将有助于你更有效地进行教练，使教练过程变成合作而不是审问。

我指的不是无数需要教练的话题，我说的是当你发现并致力于解决 L.E.A.D.S. 教练模式的缺陷时，你会遇到的三种主要的回答。

1. 学员已经有了完整的解决方案或高度的自我意识。他们发现了问题所在！他们提出了一种观察、见解或者可行的策略。这也许与你的想法一致，甚至他们提出了一个你完全没想到、却非常有效的见解或解决方案。因此，没有必要弥补不足之处或剖析学员的解决方案。接下来，学员会实施计划，并通过反思分享见解和观察。

2. 学员提供了部分解决方案，或者有了普遍的自我意识。虽然他们认识到了问题的某些方面，但他们的解决方案或者想法仍然存在一些瑕疵。在"支持"这个步骤中，你可以分享你的观察结果和建议，以弥补充他们的不足之处。

3. 学员提供的解决方案或方法的可行性很低，甚至可能是无效的、极具风险的、资源上难以满足的、成功概率很低的，而且学员的自我意识水平可能很低。他们没有意识到在思维、技能、知识、态度或策略上的差距。

一旦你了解了他人的观点和最适用的场景，在分享你的观察结果或建议之前，请你先看看他们的解决方案。你可以用一种积极的态度来做这件事，从而让谈话继续下去，同时还可以让他们自己决定结果："谢谢你和我分享你的观点，我真的很感激。让我们来了解一下你的策略和想法，看看它在实践中将如何发挥作用。如果需要，我们一起来完善它，确保它能让你获得你想要的结果。"

在分享你的观察结果、建议和经验之前，请你先获得许可。你可以说："我可以与你分享一个观察结果吗？它有助于你获得你想要的结果，并且让你更成功。"

请注意这种方法达到的效果。如果你想让人们变得坦诚、信任他人、可教、可合作，那就尽量少用封闭式问题。因为使用封闭式问题只会让人们觉得自己在被审问，而不是参与一个合作性谈话。

在你们交流的过程中，你会注意到需要弥补的不足；有待改进、发展或加强的步骤或技能；有待验证的假设、需要解决的有局限性的思维方式以及需要得到动员的最佳实践和好的思维方式。现在，学员和教练可以信心满满地结束谈话，因为他们已经有了明确的行动方针和策略来获得成功。

想要精简一下教练模式吗？仔细想想，一旦你的团队意识到了教练工作的价值，你就不需要在每次谈话中都进行动员。现在，L.E.A.D.S. 教练模式变成了 L.A.D.S. 教练模式！如果你的教练工作或者你分享的观点曾经被抵制过，那么这就是一个重新被动员的机会，可以重新设定人们的预期，并且澄清你的意图。

我们已经探讨了方法论和战术框架，所以你可以开始使用修正后的 L.E.A.D.S. 模式了。让我们开始实践吧，看看该模式是如何在管理者所面临的各种情况中发挥作用的。你会注意到，当管理者作为首席问题解决官和像教练一样使用 L.E.A.D.S. 教练模式时，学员的反应是如何发生明显变化的。

在你继续之前，为何不先问几个简单的教练问题，看看它们对你有何帮助？要知道，即使每周只锻炼一次，也会让你拥有结实的肌肉，并让你养成一个好习惯。

Sales Leadership

The Essential Leadership Framework to Coach Sales Champions, Inspire Excellence, and Exceed Your Business Goals

03

实践中的L.E.A.D.S.教练模式

教练不是发号施令

在深入探讨最佳教练实践之前，让我们先了解一下教练不应该做什么。以下是教练不应该做的一些事情，好的教练不会做这些事，因为这些都是毫无实质内容的空洞表态。当你阅读这些与管理者进行谈话的例子时，请想想有多少谈话是由于它们所做的假设而变得毫无意义。

失败的谈话 1：针对绩效与行为的教练

直接下属：我知道我的业绩在下滑。您有什么建议吗？

管理者：多打几个电话就行了。多花点时间来了解我们的产品和服务。另外，要确保你验证了每一个机会，下次开会的时候可以问些更好的问题。

失败的谈话 2：针对交易技巧的教练

直接下属：客户不愿与我们合作。我能做些什么来扭转这个局面呢？

管理者：打电话给客户，看看有什么问题，我们明天再谈。

失败的谈话 3：销售漏斗分析中的差距分析

直接下属：这是我正在处理的所有交易。我认为它们都能顺利完成，但其中一个可能有问题。

管理者：这真是个好消息！其他的都会顺利进行吗？关于这个客户，

只要找出他们的痛点，就能找到让他们购买的令人信服的理由。

失败的谈话 4：急于完成一笔销售以完成季度销售额目标

直接下属：我只想提醒您一下。您是知道的，我负责的那个客户可以为我们带来更多的生意，但是他们的采购方式发生了变化，现在他们要求更大的折扣。我能做什么？

管理者：什么？我们确实非常需要这笔交易来顺利结束这个季度。我相信你什么都试过了。再打个电话给客户，看看我们还能做些什么。我会打电话给首席财务官，看看有什么办法。

从教练角度着眼，可以通过回答以下问题来评估这四种情况：

- 管理者是否了解为什么会发生这种情况？
- 管理者的回答是否有价值？
- 管理者是否明确了差距、指导时间或者根本问题？
- 交流是否明确了责任或者激发了任何可衡量的行为改变？

这四个问题的答案显而易见：并没有！这位发号施令的管理者所做的唯一一件事就是告诉员工该做什么，同时承担了员工一部分直接报告的责任，以期完成销售。销售人员从中学到了什么，可以让他们成为更好的员工？只有一样："如果我遇到了问题，我不需要去解决它。我的老板会帮我的。"这是一个代价高昂的教训，尤其是在管理者努力提高其团队能力之际。

使用 L.E.A.D.S. 教练模式

无效的谈话已经够多了。现在我们将看看同样的场景，但是这一次，请注意管理者是如何使用 L.E.A.D.S. 教练模式来改变谈话的。

在我们深入讨论之前，请记住，有许多方法可以促进这些谈话。对于我们刚才讨论的每个场景，我只提供一种教练方法。除了安排特定的教练课程，下面的谈话也可以随时使用或者在即兴的情景互动中进行。如果需要更深入的谈话，你会发现学员总是能在一对一的教练课程中抓住主题、针对目标制定策略或者完成挑战。

这需要你有足够的时间来进行每一个话题，而不能只是匆忙地进行一次关键的谈话，留下一堆未解决的难题（或者产生了更多的问题）。

10 分钟的教练时刻

如果做得好，一些谈话不会超过 10 分钟，你的时间投资将得到成倍的回报。

成功的教练式谈话 1：针对绩效与行为的教练

直接下属：（学习问题）我知道我的业绩在下滑。您有什么建议吗？

管理者：

（动员问题）你是否愿意寻找一些方法来提高绩效，从而获得你想要的结果？

（评估问题）你认为这是从什么时候开始的？

（评估问题）什么时候的绩效表现让你感到舒服？

（评估问题）你认为你做的哪些事情和以前不一样，或者做得更好，或者让你更成功？

（评估问题）目前，你希望自己的业绩达到什么水平？

（评估问题）请告诉我你现在使用的方法。

（定义问题）你觉得从那以后发生了哪些变化？

（定义问题）从今天开始你能改变或改善什么？

（支持问题）在我们下次会面前，你愿意承诺完成什么？

（支持问题）你能采取什么方法来提高绩效并使其成为习惯？

现在，你可以在"支持"这一步骤中完成最后一个问题了。总结、设定预期和行动计划，安排下一次会面，结束这次谈话。

成功的教练式谈话 2：针对交易技巧的指导

直接下属：（学习问题）客户不愿与我们合作。我能做些什么来扭转这个局面呢？

管理者：

（动员问题）你能告诉我你们是如何对话的吗？这样我们就能一起制定策略，帮助你拿到这单生意。

（动员问题）当你说"客户不愿意与我们合作"时，你是什么意思？

（评估问题）你是如何回应的？

（评估问题）你认为如果你与这位客户再谈一次，如何才能让你感到舒服？

（评估问题）过去你是如何处理这类事情的？

（定义问题）你认为是什么原因造成了这种不合作？你认为自己为什么会面对这种局面？

（支持问题）下次拜访的目的是什么？

（支持问题）你认为你们应该如何交流？

（支持问题）让我们来做一个快速的模拟／角色扮演，让你感受一下应该如何与他们互动才能得到你想要的结果，好吗？而且，与我做练习总比与你的客户练习更安全。

进入"支持"阶段的最后几个问题，总结并设定下一次教练课程的预期。

成功的教练式谈话3：销售漏斗分析中的差距分析

直接下属：（学习问题）这是我正在处理的所有交易。我本来认为它们都能顺利进行，但其中一个可能有问题。

管理者：

（动员问题）你愿意简单说一下我们可以制定的策略吗？这样你就有信心完成这笔交易了。（或者"我很想知道你们都在做些什么来保证这笔交易的完成。这样你就有信心实现目标，至少销售额不会下降。"）

（评估问题）你能给我讲讲你现在面临的机会吗？

（评估问题）对于你不完全确定的机会，你所说的"有问题"是什么意思？

（定义问题）你对于这笔交易的怀疑和不确定感从何而来？

（定义问题）你为什么觉得你可能会失去这笔生意？

（支持问题）为了验证这一点，让我们参照标准的销售流程和最佳实践做一下快速比较。这将帮助我们确定哪些方面（如果有）被忽略了，以及你需要哪些技能来确保没有差距，这样你就可以避免在将来出现类似的情况。

进入"支持"阶段的最后几个问题，总结并设定下一次教练课程的预期。

成功的教练式谈话4：急于完成一笔销售以完成季度销售额目标

直接下属：（学习问题）我知道，当我与客户谈话时，我总是打断他们的话。我很难安静地听他们说话，尤其是当我知道他们会说什么的时候。

管理者：

（动员问题）你愿意摸索一些方法来改善与客户的谈话，从而得到更好的结果吗？

（评估问题）你能告诉我最近发生了什么事情吗？

（评估问题）你发现这种情况最常发生在什么时候？

（定义问题）为什么你觉得你总是百分之百知道他们要说什么？

（定义问题）如果你处于客户的位置，你会有什么感觉？

（定义问题）在做出这种假设时，这会如何影响你的业绩和客户关系？

（支持问题）下次有什么更好的方法来避免类似情况的发生呢？你能采取什么方法？

没有所谓的"指令性教练"或"指示性教练"！这只是个文字游戏。如果你是在发布指令或指示，通常情况下，你就不再是教练了，而是在告诉人们该做什么！如果你告诉人们你在教练他们，而不是作为首席问题解决官，那就会削弱指导工作的完整性和影响力。如果是这样，那你最好不要进行教练了，因为在经历了一次糟糕的教练过程后，你的员工就不愿意再接受所谓的"教练"了。

不进行教练工作的代价

每位管理者都曾为员工解决过问题或者帮助其完成过交易，其目的只是为了挽回局面。虽然他们喜欢你这样做，但这也付出了巨大的代价。下面我会告诉你如何从浪费时间的超级销售员和首席问题解决官的角色中脱身，从而让你有足够的时间和精力去解决困扰团队的棘手问题。

> 我回到会议室，开始了我的领导力培训课程。在第一天的课程进行到一半时，我听到了以下再熟悉不过的发言："但是，基思，有时候我们根本无法开展教练工作。"我知道在大多数情况下，用问题来引导谈话是有意义的。这是培养员工并让他们自己制定解决方案的有效方法。在漫长的一个工作日后，当销售人员面对一项金额可观的交易，或者客户亟待解决的问题，甚至有失去客户的危险时，你不可能让销售人员坐下来，指导他们需要做什么。此时，你必须全身心投入并负责解决那些可能升级为危机的问题。所以，不是所有事情都有指导的机会。有时，你不得不越俎代庖，这也是我们工作的一部分。

要是管理者每这样说一次，我都能拿到一美元就好了！

你不能总是当教练

当我环顾整个会议室的管理者时，他们大多数似乎都同意刚才那位管理者的说法。我的回答似乎也超出了他们的预期："我同意，你是对的。"

我感觉到这位分享了自己观点的管理者感到自己被动员了。在我认输之前，在场的每一位管理者都有一个伟大的教练时刻：

> 你完全正确。如果你发现自己处于你所描述的位置，你就必须立即做出反应。在这一点上，没有时间去进行教练。

> 当你的直接下属向你提出一个需要紧急处理的问题时，你确实没有时间去教练、培训或者等待他们自我评估并提出正确的解决方案。这个问题已经远远超出了你的直接下属的能力范围，只有管理者才能处理。因此，教练时刻已然过去了。

房间里一片寂静。我把他们的沉默视为同意和理解。我继续以在场所有人都不期待的方式分享了我的观点。

证明你是超级销售人员

一些管理者喜欢扮演英雄或者超级销售人员的角色，他们可以力挽狂澜、扭转局面，从而达成交易。这是因为这些角色满足了人类渴望被需要和被重视的本能。当被拯救者认为你是英雄时，你的自尊心就会得到满足，你会感受到爱、动员和信任，这就是你作为管理者的价值，你的团队没有你就无法生存。

遗憾的是，这种行为是要付出代价的，不论对学员和你，还是对公司而言。

许多管理者都认为，在销售过程中解决这些问题或者解决团队遇到的所有问题才是他们真正的价值所在，而实际上，这只是管理者价值的一部分。

一旦意识到成为超级销售人员的成本太高，管理者就必须放弃首席问题解决官的角色，并对下属进行有效的教练，以避免出现那些本来就不应该出现的棘手问题。这样的问题会导致企业的利润减少。

就像锻炼身体一样，持续的教练可以让你的团队保持良好运转和最佳状态，为更激烈的竞争做好准备。这样做能避免问题的产生，这些问题可能会产生严重的后果，会给下属带来压力，会浪费你的时间。现在，这些问题分散了你对核心职责的关注，比如建立一个未来领导者的团队。

防患于未然

然后，我请求这些管理者允许我直言不讳，以确保我没有冒犯任何人。每位管理者都异口同声地说："当然，请讲吧！"

我走到一张挂图前，拿出一支记号笔，在纸的右边画了一台正在运转的风扇。然后，我在纸的中间画了一个椭圆形，它离风扇很近，看起来就像要撞到风扇一样。我问他们是否知道这个椭圆形的物体代表什么。

他们开始有些不解，但很快他们就明白了。笑声平息后，我解释说："正如你们所看到的，它就要撞上风扇了。那么，这说明了什么？"

另一位管理者说："这时再进行教练就太晚了。你要么告诉人们需要做什么，并且和他们一起做，要么就亲自解决他们的问题。你别无选择，只能参与进来，因为时间紧迫。如果不立即妥善解决这个问题，后果就会更严重。"

我确认所有人都同意他的说法。

我随即问道："既然我们都达成了共识，那么问问你自己'为什么'，也就是你为什么会处于这种被动的位置呢？其根本原因是什么？为什么会变成这样呢？"

在他们回答之前，我问了两个关于在这种情况下他们应该承担哪些责任的问题。"如果是你造成了这种大多数人都想要避免的情况该怎么办？你在其中扮演了什么角色？"

我回到挂图前，在纸上画了一条水平虚线，从风扇处一直画到纸的左边。在虚线的末端，我又画了一个小椭圆。

"如果你是一位优秀的销售人员，你会在销售过程行将结束、提供解决方案之后放马后炮，还是会在一开始时就找出潜在的障碍？"我解释说，当椭圆远离风扇时，就有解决问题或者采取各种措施排除障碍的可能。

我继续为在场的管理者提供新的可能性："与专业的销售人员一样，如果你尊重领导力的内涵，即持续进行教练，那么你就能够在问题很小的时候发现它们，并采取行动，而不会等到它们变得让人措手不及。"

我问是否有人对此有不同的看法。房间里的沉默代表着同意和理解。

如何防止问题产生严重后果

很明显，这些管理者同意我的观点。现在是他们自我评估的时候了。我问："既然我们已经了解了解决这些问题的代价有多大，那么如何从一开始就避免这些问题的发生呢？"

现在，解决办法对这些人来说是显而易见的。如果管理者从一开始就对员工进行有效、持续的教练，他们就会发现过程中潜在的陷阱，并且可以找到发展机会。这样一来，就可以避免出现这种情况，避免管理者不得不放下手头的工作，浪费他们有限的时间来解决问题。

我还有最后一个问题要问大家："如果你把这次经历变成一个发展的机会，让你的直接下属从这次经验中学习，接下来你能做些什么？"

一位管理者回答说："讨论一下如何在未来避免出现这种情况。"

"没错，"我肯定道，"在问题解决后，要进行我所说的'事后回顾'。"

一旦你解决了问题，就要重新和那位下属联系，讨论需要做些什么（比如在技能、心态、资源和策略方面）来避免未来再次出现这种情况。

事后回顾可能会让你错过最初的教练时刻，却又创造了一个新的教练时刻。

进行事后回顾的唯一原因是没有进行持续的教练，这种教练可以在一开始时就发现小差距。如果销售人员从销售过程的一开始就漏掉了关键的质量问题，他们很可能就会失去机会，因为他们并没有尽早发现并解决潜在的障碍。

让"风扇"吹走你的烦恼

为什么要用风扇作为比喻来解释如此重要的教训呢？如果你在风扇前举起一张纸，风扇很容易就会把纸吹走。那么，在风扇前放一块大石头会发生什么呢？石头纹丝不动。这说明小问题是可以快速解决的，而大问题则会导致大麻烦，要付出更多努力来解决。

我们得到的教训是，持续有效的教练就像炎炎夏日中的空调。如果没有它，你在解决日常问题时就会汗流浃背，而这些问题原本只是小菜一碟。

当然，风扇还可以用来玩，比如把你的脸贴在它旁边，对着风扇说话，这样你就能发出一种听起来很酷的声音，就像达斯·维德（Darth Vader）那样。别假装你从未做过这件事。

教练和培训有何不同

关于教练和培训的两个常见问题是：如何区分教练和培训？你是将两者结合

使用，还是将两者互为补充使用？这里有一个类比，可以帮助你理解如何区分教练机会或培训机会，以及何时利用它们。

如果你想学习打高尔夫球，并且想很认真地对待这项运动，你要做的第一件事就是找一个好教练或者报名参加高尔夫球培训班。你可以找一些人来教你基础知识，练习挥杆的动作。教练会演示高尔夫球手挥杆的动作要领。

然后，教练会让你挥杆击球。这就是培训：了解高尔夫球这项运动，开展练习，并且了解成为真正的高尔夫球手所需要具备的核心能力。

在学会基础动作之后，你就可以自己打高尔夫球了。你从高尔夫球专业人士那里学到了什么，就要尽你最大的努力去应用它。然后你会发现自己可能已经进入了一个平台期，意识到需要进一步提升自己的水平了。

既然你想更上一层楼，就必须和教练约好安排另一节课。教练采用了新的、要求更高的训练方法，现在是时候在这个基础上来指导你了。与培训不同的是，教练会评估你追求的目标，找到你自己意识不到但有待改进的技能。你的教练会发现你真正想要什么，并找出你的弱项和不足。

现在，教练不是告诉你如何打球，而是观察你的打法。在你打球时，教练会观察你如何挥杆、你的表现如何，以及你的态度和内心活动。教练需要了解你的风格和优势，找出有待提高的部分。当你打了几个洞后，教练可能会问你一些问题，比如"最后一杆，你为什么选择了9号铁杆"或者"我感觉你上一杆有点信心不足。你在想什么"。

经过观察，教练会与你分享一两个观察结果，比如"好吧，我看到你打了几个洞。下次挥杆时，低下你的头"。教练不会一次提出许多需要改变之处，往往每次只提出一个。

想想你的直接下属。如果你要与销售人员一起去拜访客户。在第一次会面后，你会与他们分享一些在下次会面时需要改进的地方。这样做，你就在无意中动摇了他们的信心，让他们觉得已陷入了失败境地。他们不再关注客户，而是关注你告诉他们需要改进的地方。关键是这也会限制你的观察。在下一次谈话中，你总是会提出他们需要改进的其他方面。

> 销售培训是成为一名销售人员所必须经历的，而销售教练则是成为销售冠军所不可或缺的。

表 3-1 简要比较了培训和教练两项工作。老师、顾问或培训师会向你展示如何做一些对你而言缺乏经验或者完全没有经验的事情。在你要担任一个新的角色前，他们可能会与你分享关于某个话题、产品甚至公司政策的内容。培训师将为你提供有关最佳实践的基础、流程和衡量基准，从而为你提供一个起点，使你能够开启自己的职业生涯。

表 3-1   培训与教练对比

培训	教练
通过展示和传播新的观点，提供新的信息、战略、目标和所需的能力	让人们增强自我意识，用正确的问题来评估他们已经学到了什么、知道了什么以及正在做什么来不断提高自己
指令式：你要解释做什么、怎么做以及为什么做，而不是寻找差距或盲点	协作式：问他们一些问题，让他们自我评估并发现需要继续改进的地方，当他们自己没有发现时，你可以与他们分享一些
分享和教授核心能力、流程和最佳实践。这是基础	通过持续的观察、对话和反馈来细化和强化最佳实践
在需要时安排培训课程，通常由某个事件引发	教练从来不会停止，它是持续不断的

教练会向你展示如何通过不同的学习模式（比如强化、练习、观察、谈话、训练、模拟、角色扮演以及分享最佳实践）来改进你正在做的事情。现在，教练已然变成了强化和完善最佳实践的过程，与此同时，它也充分挖掘了团队中每位成员的个性和优势。

教练运用纪律管理来发挥销售人员的个人优势和才能，让他们在竞争中处于领先地位，并认识到自己目前所拥有的潜能，而不是可能拥有的潜能。

如果你是第一次学习如何做一些事情，比如打高尔夫球，教练不会让你发挥自己的聪明才智去挥杆。最初，每个人都以相同的方式学习，因为你需要了解公认的最佳实践和知识以及游戏规则。当你学习了基础知识，教练会帮助你提高，你可以发挥自己独特的优势，形成自己的挥杆风格。

按时间顺序说，作为管理者，在对销售人员进行培训时，第一步就是教授最佳实践，并在他们学习从未做过之事时，以同样的方式培训他们，向他们展示完成任务的正确方法，充分提升他们的技能，并使其认清自己的角色。

当需要完善他们的技能、清除障碍、挑战固有思维时，教练就开始发挥作用了。通过不断提高他们的技能、培养他们的心态，他们就能够在自己的工作岗位上表现得更加出色。

Sales Leadership

The Essential Leadership Framework to Coach Sales Champions, Inspire Excellence, and Exceed Your Business Goals

04

如何用10分钟或者更短的
时间完成教练工作

假设你处于某种压力之下，比如需要完成一笔交易、需要解决客户的问题或者做出一个决策，此时，你是否需要对你的团队发号施令，告诉他们必须做什么？

不完全是。

我花了 30 年的时间进行创新、测试、指导、实践、研究和完善，才形成了我的 L.E.A.D.S. 框架，它是一个无可争议的、完美的、无懈可击的教练策略，也是这个世界上唯一适用于所有销售领导和教练的指导框架。成千上万的管理者在采用了这个框架后反馈说，这是唯一一个放之四海而皆准的框架。这听上去非常成功，对吧？

为什么之前没有一个专门针对销售领导者的框架呢？恕我直言，这是因为那些写过其他教练类书籍的人通常都从未管理过任何人或者当过销售人员。那些框架在其他行业或许颇具价值，但在销售领域就不起作用了。它们缺乏必要的关键步骤来教练销售领导者，但我的方法完全可以解决这些问题。

当然，我不能就此止步。随着商业社会的不断发展，教练技术也需要不断发展，以跟上市场的变化。

本书的一个重大突破是让你能够在 10 分钟内进行精准的教练。是否有一种方法可以在 60 秒内完成教练工作呢？通过自我教练和自我挑战，我意识到存在这种新的可能性，教练策略应运而生。它可以区分是培养一支平庸的依赖型、交易型订单团队，还是培养一支有责任感的顶级领导者团队。这取决于你选择如何沟通。

所以，如果你仍然觉得没有足够的时间去做教练，那么稍后我会介绍一个策略，从今往后的每一天你都可以使用它！

"教练工作耗费了太长时间"

一想到有相当多的高层领导和一线销售经理陷入了这种不良的、狭隘的思维方式，我就感到悲哀，因为这种思维方式只能导致平庸和依赖，而不是责任感和创造力。正是这种思维方式导致了某些管理者难以晋升，企业的销售额不见增长、市场份额减少，员工也无法发挥他们的潜力，企业只能勉强度日。

你可能会反驳我："你怎么能指望我一直当我下属的教练？尤其是当我管理着25个人，需要应对各种不同的情况，而且还需要完成额外的任务或项目的时候。我需要去救火，需要为客户提供服务，还需要达成交易！"

在很大程度上，这些管理者夸大了教练工作的复杂性，就像他们一贯做的那样。

这是一个悖论。你的优点也是你的缺点。

与我共事的许多管理者都非常聪明，但他们的智慧和经验可能会削弱他们的教练能力。他们认为事情不可能这么简单。

但如果就是这么简单，又如何呢？我并不是说事情会一直这么简单，也不是说下面将要介绍的60秒教练策略可以取代 L.E.A.D.S. 教练模式。如果管理者想要完全转变成一流的管理者和教练，就必须完成由大师级认证教练（Master Certified Coach）所提供的销售领导力培训计划。然而，60秒教练策略是一种有力的、无懈可击的教练策略，可以锻炼你的教练能力。这里需要考虑一些问题：如果将那些在解决问题时进行的命令式谈话转变成有意义的、有参与感的教练式谈话会怎么样？

还有一个疯狂的想法：如果教练式谈话比简单地提出建议并告诉别人该做什么更省时间呢？想想，如果你有时间去帮助别人解决问题或者给别人一个答案，那你就有时间去教练别人。这由你来决定。

实际情况是，有时候，教练式的提问可以引导人们找到自己的想法和解决方案。

正如我们所知，你创造了什么，你就拥有什么；你拥有什么，你就更倾向使用它来行动。优秀的管理者不会在团队中努力建立个人责任感，而是允许团队来做这件事。

所以，教练并不需要花费太长时间，而是你指导的方式太费时间了。在使用本书提供的方法时，你只需稍加改进，就会像汽车更换了强大的引擎一样，能够以更快的速度到达目的地。

让我们先来预演一下，销售人员带着一个急需解决的问题找到了你：

> 老板，我真的需要你帮我完成这笔生意。如你所知，我从去年起就一直在做这笔交易，并将它列入了本季度的业绩预测中。遗憾的是，现在客户不配合，他们要求更高的折扣。采购过程中还发生了一些事情，我不知道该怎么办。我知道你和首席财务官关系不错，你能请他帮我一下吗？或者直接告诉我该怎么做？

这是一个决定性的时刻。它要么会创造一种新的可能性，要么会带来不那么令人满意的结果。

找机会做出改变

选项一：你致电首席财务官，告诉销售人员应该做什么来解决这个问题，或者更糟的是，你亲自解决了这个问题，你相信这样做会节省你的时间，并且让你顺利完成下一项工作。

结果呢？必然是失败。如果你看过比尔·默瑞（Bill Murray）主演的电影《土拨鼠之日》（*Groundhog Day*），就知道我指的是什么了。这是关于一个男人的故事，他每天醒来后，都会以同样的方式重复着同样的日子。他发现自己被困在一个时间循环中，注定要重复那一天，直到他真正完成某件事情。

如果你曾经觉得自己在重复地进行谈话或者在重复同一天的工作和生活，这就说明你有机会来做出一些改变了。

如果你在不断地重复谈话，就说明要么对方根本没有听你说、没有理解你，要么你没有切中问题的要害。他们不想听你说话的原因可能是你说的东西他们早就知道了。

一旦人们觉得自己被强迫、被谈论或者没有听到自己想要或者需要的，他们就会装聋作哑。更糟糕的是，如果你不提问，那就是在假设事实，结果就是你解决了错误的问题或者提供了无效的解决方案。这时，你的员工会认为："我们的经理太差劲了。"

选项二：与其选择被动或指令模式，不如使用这种强大的教练策略。我称之为"价值10亿美元的教练式提问"。这是一种精准的教练，与速度快慢无关。

我们以销售人员希望与要求打折的客户完成交易为例，来说明这种教练策略在实践中的应用。

> 蒂姆，很高兴与你分享我的观点。你比我更熟悉这个客户和这种情况，我相信你和你的判断。那么，你对如何解决这个问题（向前推进、搞定这个客户、以一种团队愿意接受的方式与其沟通等）有什么看法？

然后，根据他的回答，并且注意在教练时仅有的三种场景（详见第2章），你可以这样回答：

> 谢谢你分享自己的观点，我很感激。让我们来梳理一下你的想法，看看情况会如何发展。如果需要，我们一起来完善它，以确保你的策略会获得你想要的结果。

不可避免的是，总有一天你会发现遗漏了一些重要的东西。这可能是销售人员忽视的，或者是需要进一步改进的。所以，分享你的观察结果、建议、经验或专业知识之前要先获得他们的同意，确保他们已经准备好接受你的想法了。直接给出被动、粗暴的反馈会让人产生反感，并终止谈话。你可以这样说：

> 我能与你分享一个观察结果吗？它能让你获得你想要的结果，并让你更成功。

就是这样。通过问这些问题来重新定位谈话需要多长时间？保守地说，60秒或者 60 秒以内吧！换句话说，你不仅可以在 10 分钟或更少的时间内完成教练工作，而且还可以成为一位 60 秒教练！让我们看看为什么这样做会很有效。

60 秒教练式提问的五个部分

60 秒教练式提问也被称为"价值 10 亿美元的教练式提问"（这就是它的价值所在），它既简单又直接。下面，我将介绍如何成功地使用这个工具，使谈话变得更自然、顺畅，让学员自己来完成所有繁重的工作。

第一部分：很高兴与你分享我的观点。

表达你将与他们分享他们想要的东西，邀请他们参与进来。

第二部分：你比我更了解真实情况。

很多时候，是销售人员与客户建立并保持着联系，因此他们与客户的关系比你要密切得多。这种表述承认了他们的重要性和他们在某种情况下的作用。这也可以被视为以授权的方式建立了责任感。

第三部分：我相信你和你的判断。

这句话本身就很有力量。人们多长时间才会对你说一次？你经常听到这句话吗？如果你听到了，会有什么感觉？这对你的自我评价和自信心有积极的影响吗？承认你信任某人、相信他们的能力会建立他们的信心，并让你与他们建立更深入、更信任的关系。

第四部分：你对如何解决这个问题有何看法？

教练时刻到了。在分享你的观点之前，先试着理解他们的想法和观点。

问这个问题当然比回答问题省事。这样做的好处是，你可以授权他人去做这件事并负起责任，而不是让他们变懒惰。通过推进行动和战略思考，你并不是在为他们做所有的工作！

> 纯粹的尊重、积极地倾听和努力理解他人观点的行为可以建立信任并促进互惠法则。也就是说，如果你尊重他们的意见，真诚地关心他们，永远保持好奇心，保持透明，表现出脆弱，乐于接受指导和反馈，并给予他们倾听和关注，他们也会对你做出同样的反应。这可以促进信任、忠诚和更深层次的合作，可以激发创新。此外，人们在职业生涯中以及管理者那里真正希望得到的是被动员、被倾听、被重视和被尊重。

第五部分：谢谢你分享了你的观点。让我们来看看你的想法是如何实现的。如果需要，我们一起来完善它，以确保你的策略会让你获得你想要的结果。

一起探讨他们的观点和想法。从各个角度提出问题，以确保他们对自己的策略了如指掌。然后，当你需要利用你的观察、建议、经验或专业知识来提出最终的解决方案时，你可以使用以下这个问题：我能与你分享一个观察结果吗？它能让你达到你想要的结果，并且让你更成功。

一旦他们分享了观点，根据你听到的提出这个问题就将继续使你以协作的方式来完善他们的解决方案，而避免让他们犯错。

为什么这种方法适用于所有场景？正如我们在第2章中所说，在征求他们的意见之后，你只会听到三种回答，无论是使用成熟的 L.E.A.D.S. 模式还是这个更精准的 60 秒教练式提问。如果你使用更精简的模式，那么你并没有改变模式，你只需要对情况进行评估，并花费适当的时间，因为这种精准的教练策略仍然包含了 L.E.A.D.S. 模式中的每一个步骤。用提问来引导，意在与学员合作，而不是告诉他们"你太糟糕了，你的解决方案行不通。我知道得更多，所以你需要这样做"。采用后一种方式会破坏你和谈话对象之间的信任，不仅会让他们对你产生怀疑，而且会让他们觉得自己的想法错了。观点没有对错之分，只是个人看法而已。

你很清楚，一旦老板告诉你该做什么，他们就会变成首席问题解决官。这就是你需要在这个过程中锻炼耐心，并让下属自己思考的原因，这样，他们可以认识到自己的差距。然后，你们可以一起改进，并提出可能的最佳解决方案或策略。

寻求意见，而不是解决方案

在阿根廷的布宜诺斯艾利斯，我们为一个高级管理者团队举办了为期一天的销售领导力培训工作坊，研究了"价值 10 亿美元的教练式提问"以及了解学员观点的必要性。在分享了这个强大的教练工具后，一位经理立即质疑了它的有效性："基思，我知道这对某些人有用，但还是有些人不愿意回答这些问题。"

是这样的。要么是因为你是管理者，他们不想让自己看起来很糟糕，他们不信任你，他们知道无论发生什么，你都会帮助他们；要么是因为他们真的无计可施，你还是会听到"我不知道，老板，你来告诉我吧"。

我问了这位经理同样的问题，不过我强调了"看法"一词："您对如何解决这个问题有何看法？"

"哦，"经理听了我的话后说，"我第一次没听到你用'看法'这个词。或者我没有意识到看法和解决方案之间的区别。它为什么很重要？"

因为地球上的每个人都有自己的观点。当你向别人要一个答案或解决方案时会经常听到"我不知道"这样的回答。但即使有些人可能没有答案，他们也肯定有自己的观点。观点不存在对错，策略、答案或解决方案都是如此。

如果你问人们最喜欢的食物、度假方式、音乐、爱好、运动或养生方法，你会听到各种各样的答案，这些答案没有对错之分。

就像外科手术的精准性一样，管理者必须注意他们使用的词语，因为这些词语对我们每个人都有不同的含义，尤其是在谈及观点和解决方案时。这个策略的最好之处是，你可以在下一次谈话中立即使用它！

理想情况下，管理者应该在 L.E.A.D.S. 模式中仔细选择合适的问题，以确保得到信任、支持，以及对教练的明确预期和认同感，明确谈话、结果和解决方案的目的。一旦人们了解了你的意图，并建立了信任关系，还能够用真实、透明和精确的方式沟通，这种教练策略就可以同时实现所有目标。

当然，你可以调整陈述方式和提问以适应各种场景。你会惊喜地发现人们对这种方法的反应是多么地积极，无论你有多忙，你都会在更短的时间内产生更大的影响。

即兴的情景式教练：领导力的基础

除了定期的教练课程以外，还有无数的教练机会可以利用。这就是创建教练文化的基本准则，也是领导力的基础——永远做教练。

> 你什么时候应该当教练？领导力的基本原则是：永远做教练。与其把教练视为一个特殊事件或者你为别人做事，不如将它视为你每天都要用的教练式语言，它可以丰富你周围的人的生活，包括你自己。

了解情景式教练

为了使教练成为一种自然而然的谈话，我们有必要从时间的角度来理解，在特定的情况下需要进行哪种教练。为了便于理解，我在表4-1中展示了情景式教练和计划式教练之间的异同，以及为什么它们都是教练策略的重要组成部分（我们将在第7章中深入探讨如何区分是进行教练式谈话还是进行动员谈话）。

表 4-1　　　　　　　　　　　　情景式教练与计划式教练

即兴的情景式教练	计划式教练
关注即时的、易反应的、更直接的需求、问题、目标或挑战	关注长期的、个人的、专业的或职业的目标和技能发展，通过胜利或挑战进行指导，仔细研究一个需要更多时间的主题，强化最佳实践
通常是进行简短的谈话。没有所谓的"快速教练"！如果需要，就需要安排额外的时间	有计划，安排一对一的教练课程，通常持续一个小时
这是最基本的！教练发生在每次谈话、会议或互动中，比如交易、预测、绩效管理、销售漏斗、商业计划评审、现场销售电话、客户拜访和办公室闲聊等	包括即兴的情景式教练。此外，团队所有人每月都需要 1～4 次计划式教练（频率取决于每个人的目标、经验、表现、情况和需求）
确定下一步行动和后续安排或预定会议时间，以激发动力和责任感	确定下一步行动和后续安排或预定会议时间，以激发动力和责任感
根据直接下属的日程安排设定的（如果你有事情需要处理，那就是你的日程安排。这是你在安排谈话时需要考虑的事情。见第7章）	通常根据学员的日程来安排，而不是你的。但是，只要你遵循 L.E.A.D.S. 教练模式，你就可以通过提出建议或分享观察结果、经验和最佳实践，来支持他们实现自己的目标。你只是不能提出要求或者你想了解的话题。这就是你的日程，参与感将发挥作用（见第7章）

续前表

即兴的情景式教练	计划式教练
经常发生。在每次谈话中，你首先需要了解对方的意图、预期、需求和观点。这只能通过精心设计的问题来实现	在教练课程开始前，学员会使用教练工作事前计划表（参见第 5 章）制作一份事先计划的议程安排，并交给教练
当需要进行更深入的教练时，可以转为使用 L.E.A.D.S. 教练模式来进行计划好的教练。或者，当需要跟进或需要员工承担责任时，需要使用情景式教练，而不是转为计划好的教练课程，以确保学员履行承诺	当需要跟进时，可以使用情景式教练，以逐步培养更强的个人责任感

　　精准教练是可行的，但不能仅仅为了追求速度。也就是说，单纯追求速度可能会帮助你走捷径、跳过那些关键的问题、用假设来替代事实或者匆忙地进行教练式谈话。如果你需要更多的时间和耐心，那就安排时间并事先做好准备。

教练永远不会停止

　　有一个常见的现象：有一位优秀的销售人员经常被经理忽略，因此没有得到持续的教练。一个月后，他的业绩下降了。此后，经理开始观察、教练他，为他提建议，并给予其应有的动员。于是，他的业绩又回升了。

　　接下来的一个月，经理再次忽略了他，于是他的业绩又下降了。我们从中学到了什么？坚持不懈的教练是必需的！就像健康的饮食或者锻炼一样，教练是保证团队健康和好业绩的方式。

团队教练还是团队会议

　　我在领导力课程中经常会听到这句问话："基思，一对一的教练和教练一群人有什么不同？"

　　如何让人们在每天都要参加的那些无聊、无用的会议中点燃创新、合作和参与的火花，从而使会议变得更有价值甚至更有趣？以下是我给出的一些建议。

管理者如何促成有影响力、有成效的会议

促成谈话和主持会议是有区别的。当管理者站在讲台上说教时，后果是很严重的，因为只有他才是唯一真正参加会议的人。解决方案就是转变为团队教练模式，避免会议变得枯燥乏味，使会议重新焕发活力，从而培养团队成员更强大的参与感、认同感、一致性和责任感。

乏味的会议

我常听管理者说他们对自己的团队感到沮丧。事实上，这是大多数管理者在刚开始建立教练关系时想要讨论的话题。

作为管理者，你经常要主持一些会议。不管主题是什么，大多数管理者的典型做法是按照议程来主持会议：首先介绍会议的背景，然后向团队介绍需要做什么、由谁来做以及需要在什么时候完成。

管理者希望团队成员理解、同意并完成任务。虽然有些管理者在会议结束时会提供现场提问的机会，但通常是集体沉默，因此，管理者在结束会议时会认为目标是明确的，团队成员已经对如何做了然于心。

但是，结果通常让人难以接受。虽然有些团队成员接受了管理者的目标和需要完成的任务，但是任务要么没有有效完成，要么根本就没什么进展。管理者在评估结果时会想："这些人怎么了？我已经把任务交代得很清楚了，他们为什么不去完成呢？"

> 除非你有一个团队教练策略可以遵循，否则大多数试图在团队中进行教练的管理者都会发现自己又回到了讲台上，告诉人们该做什么。有没有解决方案？离开你的演讲台。

离开演讲台

如果你不再站在演讲台上长篇大论地说教会怎样？"推动会议"是什么意思？

"推动"的意思是"使一个行动或过程变得容易或者更容易"。在此基础上，"推动者"的意思是"从事推动活动的人。他们帮助一群人理解他们的共同目标以

及如何实现目标。在这个过程中，推动者保持中立，也就是说他在讨论中不会持特定立场"。

管理者需要做的是提供更多的便利，而不是颐指气使。当管理者站在团队成员面前发言时，他们正在做的就是我所谓的"演讲台管理"。为了在每次会议中取得突破性的成果，管理者必须停止对员工进行说教。当管理者指手画脚，告诉员工该做什么、怎么做或者他们做错了什么的时候，员工可能会产生逆反心理。因此，他们不再倾听，他们的认同感和参与度也会降低。这是你走下演讲台的机会。你可以提出一些问题，了解员工的观点，或者针对某个话题，了解什么是对他们最重要的。

重新设定你对会议的预期

为了创建一种协作和教练的文化，而不是控制和竞争的文化，以下我将介绍一种无懈可击的团队教练策略，以及一些能够成功地推动下一次会议进行的问题。虽然你可能觉得以下这些为了设定新预期而进行的谈话有点冗长，但我是故意这样做的，目的就是让你能有更多的选择。请记住，我在本书中分享的每个模板、教练问题和教练记录都经过了测试、检验和验证。所以，要让每一位教练都有自己的目标，同时也要保持信息的完整性。

会议的第一步是重新设定对会议的预期和会议的流程。以下的谈话重新设定了预期，建立了认同感和参与感，展示了采用团队教练方法的价值。

我希望团队中的每个人都能感到每次会议都是富有成效的。我想确保你们在离场时都能感受到鼓舞、被倾听和被支持，希望你们有机会做出贡献和展现自己。

在回顾了我们之前的会议后，我意识到我本可以做得更好，让会议更具协作性，对你更有价值。如果我的教练方法冒犯了你，我为此向你道歉。

我很重视你和你的意见。你是这个领域的专家，我想让你更多地发挥你的才能，因为我并不总是知道该怎么办。就像在体育运动中，需要一个团队才能赢得比赛。

我意识到这对我们所有人来说都将是一个改变，我自己也在学习。这就是为什么我要求你们做出反馈，以便让我知道作为一个教练和推动者，我该如何提高自己。

我致力于创造一个促进信任、积极合作和透明的环境，即使我们必须讨论一些可能完成起来非常困难的事情。为了达到这个目标，我需要你的支持，你的同事也需要你的支持，所以我们要调整会议的流程，使其达到我们期待的程度！

那么，请举手表决一下，你们当中有多少人愿意为我们的会议创造一种更有价值、更具合作性、更吸引人的形式，使我们的工作更高效？

当你重新设定了预期、掌握了过去和新的会议流程、分享了每个人将从这种改变中获得的好处时，你就将建立起团队的认同感。以下是一些有助于促成下次会议（或者应该称为团队教练环节）的问题。

用问题而不是答案来引导会议

每周、每月或每季度的会议经常会变得枯燥乏味，如何让会议变得有吸引力、有价值给管理者带来了压力。当你尝试使每次会议更有成果时，团队教练的方法将有助于减轻你的负担和压力。

不要认为主持一个成功的会议是管理者的唯一责任，你可以通过提问来引导会议，探究每个人的经验、知识和想法。只有当管理者走下演讲台，用提问引导每次会议时，才能促进健康、开放和更丰富的协作。

一旦你设定了对会议的预期，并介绍了会议的主题，你提出的问题就会让你的团队成员敞开心扉，分享他们的观点和解决方案。你只需要使用那些有助于当前会议顺利进行的问题就足够了。

当我面对一群人演讲时，我通常会先问人们一些暖场问题，拉近我们的距离。如果人数超过 20 人，提问就会花费一些时间，所以在这种情况下，只需要问几个人就可以了。以下是一些暖场问题：你感觉如何？关于你，有哪件事是人们不知道的？你最喜欢的食物是什么？如果你在吃人生中的最后一餐，你会吃什么？你最喜欢的电影 / 爱好 / 音乐是什么？你最引以为傲的成就是什么？你有可以分享的有趣事实吗？

以下有 45 个问题（顺序不分先后），管理者可以用这些问题把毫无价值的会议变成有价值的教练式指导。它们会让团队成员受到激励和鼓舞，感受到被动员、被重视，使团队充满活力。

我把这些问题分成了两组。第一组是你会经常用到的、适用于所有会议的教练促进问题；第二组问题可以用于深入讨论会议主题或者非现场活动。问题足够多，你可以针对特定会议选择最适合的问题。

让会议更有价值的 20 个团队教练问题

1. 你对这次会议有何期待？你要讨论的目标或挑战是什么？

2. 你最近有什么成功之处可以与团队分享（就个人而言，与客户、同事和跨职能团队等的合作）？

3. 如果你出色地完成了工作，你认为要感谢谁？（问题 2 和问题 3 可以展示团队可以采用的其他最佳实践。）

4. 当你与（市场营销、采购、销售工程师、客户经理、技术支持、财务和跨职能团队等）合作时，你有什么想法可以促进合作和成功，并且让每个人的工作都变得更轻松？

5. 还有什么能让我们的会议对你更有价值？

6. 你认为这次会议的共同目标和预期 / 目的是什么？

7. 谁愿意开始讨论并且分享一些想法来活跃我们的谈话？

8. 另一种看待这个问题的方式是什么？

9. 这是个好主意。对于我们现在讨论的问题，谁还有不同的看法？

10. 这很有趣。还有其他的吗？

11. 对此，我当然有自己的看法，我很乐意与大家分享。然而，在此之前，我更有兴趣听听你们的想法，因为在很多方面，你们比我更了解真实情况，我相信你们以及你们的判断。有人能就我们讨论的内容分享自己的观点吗？

12. 关于这个问题，我们可能会做出哪些假设？

13. 支持你的观点／假设的事实是什么？你怎么知道这是绝对的事实？

14. 还有什么其他的方法可以改变我们的思维方式呢？

15. 谢谢你分享你的观点。让我们看看，我们可以一起创建什么样的解决方案和方法来确保成功。

16. 如果我们能够实现这些结果／完成这个挑战将会发生什么？

17. 如果有，你对此有什么顾虑？

18. 让我们用最后几分钟来总结一下会议，确定接下来的步骤是什么，以及完成我们所讨论内容的最后期限，这样我们每个人都能清楚自己需要做什么。

19. 你对我们今天讨论和取得的成果有何感想？你学到了什么？

20. 如果有，你认为我们能做出哪些改变，从而使会议更有价值？

可以根据需要提出的 25 个能够推动会议的问题

1. 会议结束时，我们希望解决什么问题？你的预期是什么？你想带着什么离开？

2. 你希望在接下来的（一小时、一天等）里完成什么？

3. 你需要从我这里得到什么信息来为这次谈话提供背景？

4. 你想听到哪些对你而言是最重要的内容？

5. 我想听听你们对这个问题的看法。下一个分享想法的人是谁？

6. 对于这个方法，你还有其他选择吗？

7. （你的人脉、客户、你的同事、你的直接下属、业绩等）将如何影响结果？

8. 你对刚才听到的有什么反应／看法？

9. 让我们继续以最后一点为中心。有其他人能分享自己的观点吗？

10. 想象一下，如果这有可能实现，情况会如何？这对（你、公司、你的客户、我们的商业目标等）意味着什么？

11. 什么样的过程、策略或谈话才能实现我们的目标？我们需要从哪里开始？

12. 到目前为止，在这一点上，我们都同意什么？我们在哪里完全一致？

13. 这个解决方案的哪一部分值得关注？为什么？

14. 我们还需要注意哪些遗漏的内容，这样我们就不会忽略那些会影响预期结果的重要内容？

15. 让我们找出哪些人愿意为解决这个问题 / 实现这个目标而承担责任？

16. 我们每个人扮演着什么角色？

17. 你认为下一步该怎么做？

18. 我们可以组建什么样的团队来促进健康的合作，高效地实现我们的目标？

19. 你希望得到哪些形式的支持？

20. 我们如何才能以支持的方式让对方承担起责任？

21. 如果有人不履行自己的承诺，我们如何去帮助他呢？

22. 你希望别人如何与你沟通？

23. 迎接挑战时，我们最好的沟通方式是什么？

24. 关于如何沟通与协作，你是否有自己喜欢的平台（比如文本、电话、面对面交流、即时消息、电子邮件、团队会议、事先准备好或即兴的谈话等）？

25. 你在这次会议中学到了什么？你觉得什么最有价值？

　　如果你是一位管理者，正在为下一次常规的销售大会或非现场活动冥思苦想，希望找到一种有新意的形式或主题，那么你就问错人了，我的策略不适用于你。去问你的团队吧！

让每个人都参与进来

　　会议并不一定如你和你的团队所认为的那么可怕。当每个人都有机会表达自己的意见时，你的团队就会受到鼓舞，会议也会变得更有吸引力。试试以下两个建议，让参加会议的人真正地参与进来。

1. 授权每个人轮流主持团队会议

　　当由不同的人主持常规会议时，你的团队会有新鲜感，这可以改变会议的风格。当每个人都在分享自己的经验时，他们会形成一个更有凝聚力和协作性、能够相互支持的团队。可见，每个人都能从担任会议组织者中获益。

有些公司会通过培养团队领导的方式来减轻管理者的负担。也就是说，可以寻找一名对管理和帮助他人有兴趣的优秀员工或顶级的销售代表，同时让他们为团队提供教练和支持。这是一种补充，但绝不能替代他们对进行持续且有效的教练的承诺。

2. 让每个人就他们擅长的话题发言，或者开展一个他们认为对团队有益的讨论

这样做可以提高他们的技能，有助于培养公司未来的管理者，同时确保他们一直专注于最重要的优先事项。这样做的额外好处是，通过让其他团队成员来主持会议，当你发现有机会让他们做得更好时，你会为他们提供额外的教练。

改变绝对思维，接受灵活性

关于这一点，像大多数管理者一样，你可能会想："当我做教练的时候，是否意味着我只需提出问题，而不用分享我的经验、想法、观察、指导或专业知识？"我从不这样认为。如果你使用的语言和表达方式都是教练式的，那么如果你认为在每次谈话中自己所能做的只是单纯地提问，那就太荒谬了！

> 足够关心，少提建议，保持好奇心，多问问题，这是培养教练习惯的基础。

作为管理者，你很可能就是我说的绝对思维或者非此即彼的思维方式的受害者。也就是说，你相信事情不是这样就是那样，非黑即白，非对即错。

思考这个问题将扩展你的视野。如果选项不是非此即彼，而是"和"呢？不要回避矛盾，它既是真实存在的，也是共存的。即使你用提问来引导每次谈话，你也可以提出建议，分享自己的经验和选择。重点在于顺序：在你收集并理解了他人的观点之后，再分享你的观点。

回顾一下 L.E.A.D.S. 模式，你会注意到，你是在"支持"这个步骤中分享了你的观点或想法。如果管理者在此之前就分享了他们的观点，人们就有可能会中断

谈话。

当我们结束某个话题时，与其站在讲台上告诉人们该做什么，还不如在开会时教练你的团队，让他们发挥出最好的水平。如果你想迈出成功的第一步，那就拿一把锤子，砸烂你的演讲台。你不再需要它了。

这是对教练的挑战。在进入第 5 章之前，或者至少在你与一位正在寻求帮助的直接下属沟通时，试着使用 60 秒教练策略，看看效果如何！

最后，在你为团队教练创建了自己的模板之后，在下次开会时试着用一下，可以发邮件告诉我它的效果如何。我的电子邮箱是 KeithR@KeithRosen.com。

Sales Leadership

The Essential Leadership Framework to Coach Sales Champions, Inspire Excellence, and Exceed Your Business Goals

05

管理教练过程和评估结果的工具

看过我的《王牌销售团队：送给销售经理和公司高管的实战手册》的读者告诉我，他们很享受用这种易上手、有战术且可操作的方法来进行教练和管理教练工作的过程。我还知道他们是如何只使用了一种方法就在当天获得了令人印象深刻的结果！这就证明，它不是过度设计的流程以及定义不清、难以识别和实施的教练策略。

这就是我在本书中采用了同样方法的原因，它包含了实用的、可操作的工具和世界上最强大的销售教练框架，重要的是，你可以立即使用它。

本章给出了一些表格和模板，以帮助管理教练过程、跟踪结果，并让人们对自己的目标和承诺负责。

修正后的教练准备表

你可以用教练准备表来管理教练过程，并确保每次教练课程都能实现最大价值。我认为它是最有价值的教练工具之一。

这份文档用于在结束教练课程时，确保每位学员都能达到自己的预期，同时承担起责任。其中包括设定每次会议的议程，以及记录有关具体目标和学员承诺的进展和结果。同时，它也让教练有责任尊重学员的安排，并达到他们的预期。教练准备表的使用方法如下：

- 明确责任的衡量标准，学员必须为会议准备一个清晰的议程和目标；
- 教练和学员都要清楚自己的角色和预期；

- 提高每次教练式谈话的效率，并聚焦关键点；

- 确保教练过程达到学员的预期，找到改进教练方法的时机；

- 为从一个教练课程到下一个教练课程聚集动力；

- 跟踪学员最初的目标、挑战，以及他们在这个过程中取得的成功和进步。

当你回顾每一张教练准备表时，你就可以看到教练工作可衡量的影响力，同时为学员的成长和成功喝彩。

每次教练课程都需要一份书面的准备表格吗？这无疑是跟踪每次谈话，并实现其最大价值的最佳方法。无论如何，其意图都是让学员准备一个特定的议程。他们如何准备会因人而异，可能会略有不同。

- 书面准备：学员以书面形式准备他们的议程。

- 口头准备：学员只是整理思路，不会把它写下来或以表格形式提交。

- 视情况而定：学员同时准备书面形式或口头形式的表格。然而，当他们把表格交给教练后发生了一些事情，使他们将注意力转移到了需要及时讨论的事情上。

获得可衡量的教练的影响力

我通常会接受学员以上述三种方式中的任意一种为教练课程准备议程。然而，在我教练生涯的早期，有一次经历改变了我对准备书面形式表格的重要性的看法。

在我从事教练工作的第二年，一家物流公司的销售经理聘请我来帮助她树立个人形象，为升职做准备。在我们的第一次教练课程中，我们明确了教练和学员的所有责任和预期。

教练工作成功的重要条件之一是课程准备，因此教练和学员都需要明确学员的特定主题、目标、挑战和预期。

两个月的课程后，她解雇了我（这是我第一次被客户解雇）。在做事后回顾时，我发现她认为这些课程是杂乱无章并且毫无意义的，她没有得到她预期的价值。这并不奇怪，因为她从来都没有准备过议程或者表格。如果是这样，你很容易会指着教练说："教练课程是毫无价值的。问题不在我，而在于你不是一个好教练。"

那是我最后一次因为没有准备好一对一的课程而失去客户。这种情况很少发生，我一般都会很快发现一个对他们有价值的话题。如果这样行不通，我就会重新安排课程。这是一个关于责任感和信守诺言的教训。

对我来说，这是一个教训，即使我的客户不喜欢我所做的事情，我也要坚持我的选择。毕竟，我不是为了受欢迎而赚钱的。我的工作是让客户对自己的目标负责，并帮助他们更快地获得更好的结果。

优秀管理者的责任就是与学员分享那些他们可能不愿听到却必须接受的观点，因为这些观点成了他们走向成功的绊脚石。

领导力并不是人气的较量。你不会因为被喜欢而得到报酬。此外，这是教练的责任，即不仅要让人们走出舒适区并远离它，还要帮助他们创造一个全新的、具有挑战性的区域来加速成长，并获得成功。

尤其是当你想在你的公司中开展教练工作时，你可以从每次的准备阶段就开始仔细观察学员在思维方式、活动、学习、成长和成功等方面的变化，并承认他们的成绩、进步和成功。与此同时，这也会回答每个组织中最基本和最紧迫的问题：**教练工作可衡量的影响和价值是什么？**

> 每位学员都必须准备好议程，才能来参加一对一的教练课程，这是没有商量余地的。没有做好必要准备可能会导致课程失败。在课程开始前，如果学员没有确定目标和准备议程，那么他们就不需对任何事情负责。如果在每次教练课程结束后，学员没有按照要求发送学习总结和承诺，相同的问题也会出现。当这种情况发生时，学员就会责备管理者，这对教练的理念和价值非常有损害。

教练工作准备表

我通常要求客户至少提前 24 小时将他们的教练工作准备表以邮件形式发送给我，这样我就有时间在教练课程开始前做好准备。以下是两种不同的形式的表格，可以供你的学员选择或修改。

本着简化准备表格以避免文案工作过多的目的，表 5-1 是简化版的表格。无论你使用哪种模板，都要确保学员会将其保存为主要模板，在每次一对一的教练课程开始前完成并发送给你。

第一种：简化版表格

表 5-1　　　　　　　　　　　　　**教练工作准备表（简化版）**

教练工作事前计划表

日期：_____

姓名：_____

下次会面的日期和时间：_____

1. 成就：自结束上次会面 / 电话后，我取得了哪些成就（比如在行动、观点、改进的态度以及个人和工作上的成功等方面）？

2. 本次教练课程的重点：我打算利用和教练在一起的时间来……（列出细节）

 ● 提高 / 培养技能：_____

 ● 目标：_____

 ● 需要克服的挑战：_____

 ● 需要讨论的方面 / 情况：_____

3. 如果有，是什么让教练工作对你更有价值呢？例如，调整我的教练风格；花更多的时间研究特定的主题；延伸教练主题，比如与潜在客户、客户、利益相关者或同事的谈对话等。

（这样，你就可以进行谈话的角色扮演、撰写或查看电子邮件、制作演示文稿、完善技能实践场景等。）

第二种：经过修改的针对高管的教练工作准备表

正如你将看到的，表 5-2 稍微长一些。这是我对我的客户使用的表格，因为我发现深入了解他们是谁以及跨过主题去讨论真实的成功和获得的成果是很有价值的，而且确定他们在思维方式和态度上的改变也是很重要的，特别是在恐惧、自信和个人平衡 / 时间管理等方面。

你会注意到，表 5-2 中还有一些其他的问题，这些问题关注的是他们的个人承诺和责任感、前进中的障碍，以及作为他们的教练，我能做些什么来不断提高自己，使教练工作对学员始终保持应有的价值。

表 5-2 　　　　　　　　　　　　　针对高管的教练工作事前计划表

在我们下一次的高管教练课程（以及每次教练课程）之前，请回答以下五个问题。请务必准确填写此表格。请尽量在会面前两天完成填写，并以电子邮件的形式发送给我。这张表格将确保你在与教练相处期间获得你所预期的价值，并专注于对你而言最重要的目标、挑战和结果。

在每次教练课程中，我们都会对你的信息保密。请注意，除非另有约定，教练与学员之间讨论的内容也会予以保密。

请将这张表格保存下来，每周都从填写它开始你的工作。这会让你的工作提速，最大化你与教练在一起的时间价值，并让你专注于你的目标。你的愿景和目标一旦设定，就会在每张准备表格上时刻提醒你，以确保你专注于与愿景和目标相一致的正确活动。

愿景：待定

目标：待定

　　1. 你的意图和预期

　　　　这是我和教练在一起时想要达到的目标。请列出具体且可衡量的结果、挑战、需要制定或完善的策略、需要培养或提高的技能、希望在思维方式或态度上实现的转变以及你想要的具体结果。你也可以分享在特定场景下发生的特定事件，以及你是如何应对的，这样教练就可以提供指导和反馈，以及为了下一次能获得更好、更有效的结果，你可以做些什么。

　　2. 成就

　　　　从我们上次会面以后，你完成了哪些与指导和发展你的团队和/或你个人成长有关工作（例如信守的承诺、成功、洞见、改善态度、个人或职业上的成功、行为转变、流程/策略升级、更好的时间/自我管理等）。

　　3. 恐惧/信心

　　　　A. 妨碍我获得更大成就的恐惧是_____

　　　　B. 妨碍我培养坚定信心的是_____

　　　　C. 一种不良的/消极的信念阻碍了我发挥自己的潜力，它是_____

　　　　D. 在 1～10 分的范围内，10 分代表 100% 的自信，我这周会给自己打多少分？_____

　　　　E. 在 1～10 分的范围内，10 分代表无所畏惧，并且视令人生畏的挑战为常态，我这周会为自己打多少分？_____

　　4. 个人责任/义务

　　　　A. 我将完成我所说的_____，我为此感到自豪。

　　　　B. 我承诺会完成_____，但最终没有。

　　　　C. 在实现自己的愿景、优先事项和价值观方面，我做得如何？_____

　　　　D. 我所做的和原先承诺的相符吗？_____

　　　　E. _____ 是我承诺在下次会面前将要完成的（这也可以在会面时共同确定）

　　　　F. 在 1～10 分的范围内，10 分代表责任感非常强，我这周会给自己打多少分？_____

　　5. 采取行动并反馈给教练

　　　　A. 我参与的行动/活动是如何让我离我的目标更近/更远的。

　　　　B. 我需要做些什么才能有所突破。

　　　　C. 你希望你的教练在每次会面时和结束会面后多做/少做些什么（如果有）。

最后，还可以让学员写下他们的愿景和目标。在每次教练课程的准备表中加入这些内容可以让你将注意力集中在重点上，并确保每个教练主题都能为他们实现个人的愿景和目标提供支持。

你是在评估绩效还是结果

保罗感到越来越焦虑。现在是绩效评估时期，公司的政策是管理人员每隔六个月就要与其直接下属坐在一起，对下属的绩效进行评估。

"真不敢相信，我又要解雇一位经理了。"保罗想。他在办公室里焦虑地来回踱步，担心这次解雇的后果。他负责北美地区，仅在他的区域内，他就因为业绩问题不得不解雇过三位区域经理。

和许多公司一样，管理者或者其直接下属并不期待绩效评估。无论绩效评估是每年进行一次、两次还是每季度进行一次，这些会议的形式和主题通常都是固定的，几乎都只重视结果。绩效评估，顾名思义，就是要评估每位员工的表现。然而，由于大多数管理者都没有花时间真正观察他们的员工，因此事实是他们根本不知道员工在做什么。

如果你不清楚员工是如何工作、销售、协作、安排优先事项、安排日常工作和沟通的，那么谈何绩效评估？充其量只是回顾业绩！

事后是盲区

对于"事后诸葛亮也不错"这种说法，我感到很恼火。这句话意味着当你评估之前的经历时，你可以认识到哪里出了问题和如何解决问题，以不断改善结果、避免不良情况再次发生。

如果管理者都这样做，他们就永远没有能力去处理相同的问题，也不会将某个问题纳入下一次绩效评估中。

当管理者进行绩效评估时，他们会告诉员工还需要做什么、改变什么或者提高什么。这时，管理者会假设他们的直接下属知道该做什么。由于业务的日常需求，绩效评估结果会被记录下来，然后与下一次评估的结果进行比较，看看哪些方面变得更好了。如果管理者将他们的时间用于仔细关注绩效评估所讨论的内容，并将其与大部分管理者都不会使用的，但能够使教练行动计划更快、更容易实现的方法结合起来会如何呢？

如果你发现了绩效问题却不及时解决，那么拖延的时间越长，问题就越可能恶化和扩大，并且变得非常严重，以至于想补救时往往为时已晚。如果管理者能将此作为培养员工的机会，他们就可能会改变一名销售人员的前途。

无论你是每季度、一年两次还是一年一次进行绩效评估，为什么要等那么长时间才告诉人们，他们需要做什么来进行改进呢？要知道，发展、成长和教练每天都可以发生。你不能指望一年锻炼两次就能一生都拥有完美的身材吧？同样的道理也适用于如何组建冠军团队，以及解答为什么基于提问的管理永远不会停止。为了建立一个健康的教练制度，你要确定目标、衡量进步和结果，确保你明确了冠军的标准，并着手实施教练行动计划。

教练行动计划

虽然我开发出了几个版本的教练行动计划，但是简洁一直都是关键。过度设计的流程和解决方案会导致人们碌碌无为，可能引起他们的反感。

表 5-3 是一个简短的教练行动计划，管理者可以将其作为教练过程的起点，并列出学员的目标、承诺、重要事件和截止日期。一旦这一步完成，它就变成了一个汇报和责任表格，学员可以在每次教练课程结束后更新内容并发送给教练。还记得我们在第 2 章中讲过的汇报形式吗？就是它！

现在，每个人都清楚地知道讨论了什么、教练课程的价值、学员的承诺、到目前为止已经完成了什么，以及在某个截止日期之前需要完成哪些任务或获得什么结果。教练和学员还可以对每一节教练课程进行评价。

别忘了，教练行动计划还可以用于安排和评估观察环节（比如在客户拜访、电话会议和线下会议期间等），因为观察是教练和管理中必不可少的一部分。本书第 11 章将告诉你如何进行观察定位，从而让学员从中获益，同时预先设定建立观察的指导方针、参与规则和节奏。

表 5-3 　　　　　　　　　　　　　　　教练行动计划表

姓名：_____ 本次教练课程的日期：_____ 下次教练课程的日期：_____		
目标 / 任务或行动项目和重要事件的日期：_____ 你希望在多久达到什么样的具体的、可衡量的目标	在今天的教练课程中取得的成绩：_____ 在思维方式、技能、知识、自我意识、洞察力、活动、沟通、行为等方面	在下次教练课程前必须履行的承诺：_____ 结果、技能发展、机会和活动与当前教练课程一致
1.		
2.		
3.		
4.		
5.		
6.		
7.		
学员反馈 / 意见：列出你对教练（包括教练课程和教练环节等）的反馈 / 意见和要求		
教练反馈 / 意见：列出你对教练（包括教练课程和教练环节等）的反馈 / 意见和要求		

　　一旦学员设定了自己的目标，他们就会把目标写入教练行动计划中。此后，学员会在每次教练课程开始之前将准备表格（他们的议程）通过电子邮件发给你。最后，在你们双方指定的时间内（无论是一小时、一天还是一周），学员都要完成这份计划，并把它作为教练课程的总结发给教练，上面还有他们承诺要在下一次教练课程之前要完成的任务。

绩效评估是人力资源管理的工具之一，旨在保护公司而不是员工。与大众观点相反，绩效／结果评估的最初目标并不是培养员工。这些评估记录的是员工的行为和业绩，公司会以此作为解雇员工的依据，或者会错误地认为绩效评估可以替代教练工作。这会令员工产生不安情绪和恐惧，谁还会愿意接受教练呢？所以，教练工作就被列入了黑名单，而公司甚至没有意识到这一点。

我有一个建议。观察你的员工的表现，这样你就可以把这种结果评估转化为真实的绩效评估，并且将它变成积极的、具有支持性的教练式谈话以及职业发展谈话。

Sales Leadership
The Essential Leadership Framework to Coach Sales Champions, Inspire Excellence, and Exceed Your Business Goals

变批判性谈话为

积极的改变和可衡量的结果

残酷的事实

我想传达这样一个信息：如果你是一位管理者，当你对你的员工及其绩效感到愤怒、沮丧和失望时，请不要责怪他们，因为这往往是你的错。如果这样说令你不快，我很抱歉，但你要知道这是千真万确的。雪崩时，没有一片雪花是无辜的。如果管理者不负责任，又怎么能要求员工负责呢？

勇于承担责任和做出改变应该从你开始。如果你可以百分百地对每个问题负责并承担责任，你就树立了好榜样。这非常好！因为你完全有能力成为你想成为的管理者，并组建起你梦想的团队。阅读这本书的你是想成为教练和管理方面的专家，而你和你的团队将比以往任何时候都获得更大的胜利。

成为快乐的教练

当你关注你的员工和他们对教练工作的需求时，请不要忽视教练工作也会影响作为管理者的你。你不仅能培养冠军，而且能提高自己的生活质量。更有效的教练意味着更多的工作成就以及内心的平静和快乐。当你有更少的工作、更少的压力和更少的问题时，你就有时间去处理那些本不应在一开始就存在的问题。

这一点在我对安娜的一次教练课程中表现得尤为清晰。她是巴西圣保罗一家医疗设备公司的区域副总裁。在我们的教练课程上，她无可奈何并且悲伤地描述道："你知道，基思，我可以看到教练和观察是如何在我的团队中促进绩效改善的。不过，我的团队太依赖我了，我总是在从一个地区出差去另一个地区的路上。

我经常在星期二离开家，直到星期五晚上才回家。这让我离开了我的家人，我想有更多的时间和他们在一起。"

我能感觉到她的压力、内心的冲突以及因为想要平衡家庭和工作而产生的困扰。

当我们开始教练课程时，安娜告诉我她不是在教练团队。无论是通过电话、短信、即时消息、视频会议还是电子邮件都是如此，她的目标都集中在需要解决的问题或完成的销售指标上。当情况发展到需要她亲力亲为的程度时，她会在各个区域间辗转奔波，在现场处理每个区域面临的挑战。

在我们第一次的教练课程上，安娜跟我讲了一件令我心痛的事，她说："我努力工作，经常出差。我已经厌倦了只能通过照片看着我的孩子们长大的日子。"遗憾的是，安娜这样的故事并不少见。但当管理者开始让员工自己做事，并且养成了持续教练的习惯时，无论是面对面地教练还是远程教练，一切都将有所改观。事实证明，教练和员工的生活质量都将因教练工作而有所提高。

> 成功往往转瞬即逝，而遗憾却永远存在。令人振奋的是，改变的机会掌握在你自己的手中。这一切都始于培养一种新的习惯，即用大家都熟悉的语言进行教练，这样你就可以在每次谈话中取得一致的、可衡量的价值，同时让你的员工做好他们的工作。

辞去首席问题解决官的职务

我们强调了问一些经过精心设计的、循序渐进的教练问题的重要性，这些问题能够帮助员工进一步培养自己解决问题的能力，设计自己的解决方案，成为更具战略眼光的思考者，增强他们的自我意识和个人责任感。用问题而不是解决方案来引导每次谈话也能帮助作为教练的你不再担任首席问题解决官。

管理者都愿意培养一支由独立、负责任、自我驱动、具有战略思维和优秀表现的人组成的团队。然而，当你扮演首席问题解决官的角色时，你却在制造你想要避免的结果。为什么会是这样呢？

当我们教练或者管理的人找到我们时，他们可能正在寻求教练或解决方案。

我们通常会提供自认为最好的答案和方向（通常基于我们过去的经验），并且认为这是帮助他们最有效的方式。矛盾的是，这种做法实际上却导致了每位管理者都要避免的问题。管理者并没有组建起一支独立、负责任的团队，而是一支依赖于他的团队，因为他传达的基本信息是："如果你有问题就来找我吧，我会帮你解决。所以，不用担心你的工作，因为有我在，我会为你考虑所有的事情。"

这不仅会让下属变得懒惰，缺乏动力去执行或参与他们应该负责的工作，而且会阻止他们培养自己解决问题的能力和成为战略思考者。具有讽刺意味的是，当员工不再努力工作时，管理者就会感到愤怒和沮丧。如果管理者想出了解决方案，那是他们的主意，而不是下属的；当管理者提出了解决方案时，他们无意中就成了问题的责任人；当管理者的解决方案不奏效时，明摆着这就是管理者的错；如果直接下属没出过主意，他们就可以不用承担责任，而是把责任归咎于管理者。遗憾的是，大多数管理者都是团队中的首席问题解决官，这就给管理者带来了更多的工作，同时降低了团队的战斗力，阻碍了个人的成长，并允许员工逃避责任。

> 一旦你尝试解决别人的问题，就等同于你接手了这个问题，并把它变成了自己的问题。

这就产生了一个问题：为什么管理者认为他们必须提供帮助？

为了从更深的层面回答这个问题，让我们来看看管理者内心的想法，了解他们为什么觉得不能放手让员工独立行事。

管理者经常有以下几种心态。

- 给出答案就是给予价值。如果我不这样做，那么我对团队还有什么贡献呢？
- 这是我的工作，也是我被聘用的原因。我擅长解决各种疑难问题。
- 我的团队希望我能找到解决方案。
- 我喜欢展示我的专业知识和经验，这有助于我保持个人形象。
- 员工已经知道他们需要做什么了，为什么还要问他们呢？这样，我知道他们会去搞定，我看起来也和蔼一些。
- 我就是这样被管理的。

- 告诉他们该做什么会更快。

- 我不总是知道答案，所以我避免问这个问题。

- 我不是一名好教练，但我是一位伟大的问题解决专家。

- 我不想被发现。如果我做教练失败了怎么办？

- 如果我问了一个问题，而他们不知道答案该怎么办？

- 如果我问了一个我不知道答案的问题该怎么办？

- 为什么我要赞扬和动员那些做了本职工作的人呢？

以上都是一些"有趣"的想法，管理者需要摒弃它们，它们会对管理者的领导力和教练工作造成不利影响。而下属对管理者担任首席问题解决官经常会有以下几种内心反应。

- 太棒了！我不需要自己工作，也不需要自己思考，我的老板会帮我搞定的！

- 我猜他们对我的工作没有信心。

- 如果他们一直帮助我，可能就是因为他们觉得我适合这份工作。

- 如果他们一直用常规的解决方案来指导我，也许是因为关心我，并且认为我做得很好！

- 很明显，他们不信任我。我要被解雇了吗？

- 如果他们对我不关心、不好奇，也不听我说，我想他们既不会关心也没有兴趣帮助我成功。

- 我的领导不想花时间来指导或培养我，他们只会花时间与自己喜欢的人在一起。

- 我想我不是重点人物。

- 既然他们总是告诉我该做什么，而不问我怎么做最好，他们一定认为我很无能，他们的解决方案肯定比我的好。

尊重教练工作的三个基本原则：
- 让你的员工做好他们的工作；
- 让你的员工做好他们的工作；
- 参见前两个原则。

在第 4 章中，我们讨论了如何在 10 分钟或更短的时间内完成教练工作。为了更进一步，我分享了 60 秒教练策略，它告诉我们，你不能培养下属的依赖性。

你需要实现既定的商业目标，但这是所有管理者主要目标的副产品，正如我们在第 1 章中所讨论的，你最主要的目标是让员工每天的工作都更有价值。毕竟，如果你无法不断地开发你的团队的最大潜力，你就可能无法实现你的目标。

如果你仍然执意要担任首席问题解决官，就请你看看以下这个关于时间管理的教训：教练工作能让你的员工变得独立，而为他们提供他们想要的所有答案会让他们变得依赖。如果你今天为他们提供答案，你就要永远为他们提供答案，他们就像从未学过如何使用餐具的孩子一样。

当你给予他们足够的空间和支持，并让他们独自面对挑战时，他们可能会取得惊人的成绩。如果你是一位销售经理，你受雇并不是为了成为顶级销售人员，而是让你的员工更有价值，成为未来的管理者，那么这只能通过巧妙而有策略地使用成熟的教练式提问来实现。

放手的原因

我相信，在你职业生涯的某个阶段，你可能无法像平时那样快速地回复语音邮件、短信和电子邮件，对方可能是你的朋友或家人、同事、合作伙伴、供应商、老板或者下属。也许是因为你正在开会、接待客户、与你的同事或者直接下属商谈工作、在外地参加培训或会议、休假。

一个小时后，你终于可以短暂地休息一下了。你会立即抓起手机，查看你错过的所有电话、短信和电子邮件。在浏览电子邮件时，你注意到一封被标记为"紧急"的邮件。那是你的销售人员发来的，她正在处理一笔交易，但是遇到了很紧迫的问题，只有你才能解决。回复完邮件后，你收到的回复是这样的："谢谢，我不知道你在开会。别担心，这个问题我自己解决了。"

你有过这样的经历吗？如果有，教训是什么？

你的能力再强，也无法解决每个人的问题。你的员工完全有能力独立完成自己的工作！

你选择成为绩效教练还是首席问题解决官

克里斯是一家广告公司的高级销售总监，负责南欧所有的国际客户。托马尔是他的地区销售经理之一，管理着一支由 20 位区域销售经理组成的团队。以下是针对部门之间的隔阂和销售成本等主题展开的两种截然不同的对话。

第一段对话说明了担任首席问题解决官这一角色所要付出的代价（请注意，对于克里斯而言，处理托马尔提出的问题是多么容易）；在第二段对话中，你会发现当你将谈话转变为教练式谈话后会发生什么，你们将获得一个完全不同且更有成效的结果。

首席问题解决官的方法

请注意：管理者和直接下属的对话大约持续了三分钟。

托马尔：克里斯，在定价团队指责我没有遵循他们混乱的流程之前，我想阐述一下我的观点以及我为什么要签署协议。

克里斯：好吧，发生什么事了？

托马尔：我需要拿下 Acme 银行这笔业务来完成我的任务。下周我会与他们会面，如果能提出一个可以满足他们需求的解决方案和定价结构，那就太好了。去年，它们的预算减少了，所以我需要证明我们的产品是非常有效的。我把价格告诉定价团队，他们认为价格太低了。他们根本感受不到我所承受的压力。

克里斯：你告诉他们时间有点紧迫了吗？他们了解利润水平吗？

托马尔：我想是的。他们担心，由于消费水平下降了，客户不应该拿到最高折扣，即使我们会在这个客户那里损失数百万美元。

克里斯：你向客户说明我们的价值主张了吗？

托马尔：当然。我什么都试过了。

克里斯：嗯。你有没有向定价团队的经理玛丽莎提过这件事？

托马尔：是的！她同意我最初的策略。

克里斯：这对我们这个区域来说可能是个大问题，更别提你要完成任务了，这会影响到我们整个团队的业绩！让我给玛丽莎的经理劳拉打个电话，也许我能帮上忙。

托马尔：太好了！非常感谢您。

克里斯：没问题。无论我们需要做什么，都要争取达成这笔交易。

首席问题解决官的问题所在

你听到什么了？你注意到了什么？让我们先来分析一下：

- 克里斯知道为什么会发生这种情况吗？
- 克里斯的答复是否有价值？
- 克里斯是否发现了差距、给予教练的时机或者根本原因？
- 当托马尔说"我什么都试过了"时，克里斯是否提出了质疑？
- 克里斯问过托马尔他是如何提出的价值主张吗？
- 这种交流是否强调了责任感或导致了积极的行为改变？

当然，所有这些问题的答案都是否定的。我相信，当玛丽莎知道克里斯越过她而直接去找她的老板劳拉时会很高兴的。虽然克里斯问了几个问题，但大多数问题都是封闭式的。此外，对话的结尾表明了作为首席问题解决官的克里斯是如何承担起解决问题的责任的，而不是让托马尔思考并找到自己的解决方案。

克里斯承担了更多的工作，所以请不要惊讶于为什么他没有时间。因为，像大多数管理者一样，他总是处于不断解决问题的状态中：从一个问题到另一个问题。

现在，让我们来看看在相同场景中的一次教练式谈话。请注意克里斯是如何更多地了解情况、不做假设，并且使用切中要害的问题来发现新的可能性的，这些问题能够强化责任感，促使人们独立思考。最后一点需要提醒你注意的是：当你阅读这段对话时，请注意我在整个谈话过程中是如何使用 L.E.A.D.S. 教练模式的，这可以帮助你了解如何自然地而不是公式化地在教练工作中使用教练框架。

8 分钟教练式谈话

请注意：管理者和直接下属的对话大约持续了八分钟。

（学习）

托马尔：克里斯，在定价团队指责我没有遵循他们混乱的流程之前，我想阐述一下我的观点以及我为什么要签署协议。

克里斯：谢谢你让我注意到这一点。我感觉你对于这件事很沮丧。你觉得自己的观点客观吗？

托马尔：当然。我觉得工作进行不下去了，定价团队让这笔交易变得很复杂。所以，我们总是面临失去客户的风险。

克里斯：回想一下以前的一些交易，你和我以前都经历过这种情况。对吗？

托马尔：是啊，我越来越清楚，要完成我的工作，唯一的方法就是花时间处理几十封电子邮件、设法推进业务或者使问题升级。你能给玛丽莎或她的经理打个电话，看看你能做什么吗？

克丽斯：我会尽我所能帮助你的，托马尔。事实是，你比我更了解这个情况，我相信你和你的判断，这就是为什么我需要了解更多情况，才能更好地帮助你。

托马尔：谢谢。我明白了。

（动员）

克里斯：我希望你完成这次销售计划，同时解决你与定价团队之间的问题，这样就不会再发生类似的事情了。你愿意讨论这个问题吗？我们可以找到更好的方法来获得定价团队批准，从而避免麻烦，让你能够更快地达成更多的交易。

托马尔：当然，听起来不错。

（评估）

克里斯：你提到过，你曾试着让定价团队参与进来。你是如何与他们沟通的？

托马尔：像往常一样，我给他们发了电子邮件，要求他们提供更高的折扣。

克里斯：很好，我们具体谈谈那封邮件的内容是什么？我可以看看吗？

托马尔：当然。最后是这样写的，"我即将与 Acme 银行进行一次会面来讨论这个战略项目，我们正试图从他们那里获得更多的业务。我需要更高的折扣。谢谢！"

克里斯：好的，那他们有什么反应？

托马尔：玛丽莎团队的迈克尔回应说，上一年的预算减少意味着我们给出更大的折扣是不合理的。

克里斯：我明白了。你对此有何回应？

托马尔：我告诉他，我和他一样希望能以更高的价格销售，但在看到结果之前，他们不会做出承诺。此外，我知道他们有更多的预算。

克里斯：迈克尔有什么反应？

托马尔：他建议我提供一套不同的产品和更多的客户资料，让他觉得这是一笔好交易。

克里斯：好的，接下来你做了什么？

托马尔：我又给他们发了一封邮件，要求他们提供最新进展，但我感觉我们在重复同样的对话。他们一直在浪费我的时间。

克里斯：然后发生了什么？

托马尔：什么也没发生。上周，我和我的团队开了一次会，为下周与客户的会面做准备。我通过电子邮件把这件事告诉了定价团队的负责人玛丽莎，因为我需要她的意见。

克里斯：对迈克尔和定价团队来说，更好的交易意味着什么？

托马尔：（停顿）事实上，他大概希望我给出一个实际的支出承诺吧，我不能百分之百确定。我只是认为当我们说"更好的交易"时，我们的观点是一致的。

（定义）

克里斯：你认为他为什么会有这样的反应？

托马尔：因为他不懂我们的交易。

克里斯：你怎么确定是那样？

托马尔：我不知道。这是我和他沟通后的感觉。我只是有点失望。也许他懂我们的交易，只是不想帮忙。

克里斯：我很好奇，如果你无法用这个理由来解释为什么你认为定价团队不会帮助你，那你打算如何解决这个问题呢？

托马尔：（停顿）我想我得去和他们谈谈。

克丽斯：好的。如果你这么做了，你还能发现什么也可能是真的。

托马尔：他不理解我所承受的压力，我可能也不理解他所承受的压力。

克里斯：让我们从他的角度来探讨一下。在迈克尔看来，这种情况会是什么样呢？

托马尔：（停顿了一下）也许是因为我不理解他的职责和承受的压力。另外，如果客户整体预算减少了，那我为什么认为折扣是合理的？我明白了，但除了业绩考虑，我真的相信，如果我们开始实现客户的业绩指标，他们将增加对我们的预算。我知道如果我们做好这件事，就会有更多的预算。

克里斯：让我们回到主题。告诉我你更多的想法，为什么你觉得这是最好的起点？

托马尔：我认为这是一条捷径。我认为我们原来的定价太高了，当我们需要尽快完成交易的时候，我会接受客户的要求，这样就不会有失去订单的风险。

克里斯：开始谈判时，你给出的价格比底价高了多少？

托马尔：高出多少？就像我说的，我们的价格已经太高了，所以我从底价开始的，现在他们想在此基础上再打折。

克里斯：关于你的定价模式，你的客户是这么告诉你的吗？

托马尔：不完全是，我已经跟了这个客户很长时间了，我知道这是他们做决定时最关心的问题。大多数时候，问题都归结于价格。

克里斯：为什么你觉得情况真的是那样？

托马尔：好吧，也不是每次都那样。

克里斯：好吧，还有什么是真的呢？

托马尔：可能有很多，尤其是考虑到我还没有收到他们的回复。也许他们很忙；也许他们正在处理另一个优先事项；也许他们还在评估我们的提议；也许他们在给我答复之前需要得到内部批准；也许他们只是想看看能从我这里拿到多少折扣，然后再决定是否买。我想也许不仅仅是价格的问题。

克里斯：谢谢你的分享，托马尔。如果我没说错，我听到的是你觉得给这个客户一个折扣，我们就能拿到订单，这是一笔能够让你出色完成销售任务的交易。所以，你联系定价团队，而他们告诉你不能再打折了，尤其是你给出的已经是底价了。我们刚刚发现你和定价团队在"什么是更好的交易"这一点上存在分歧，而价格可能并不是导致交易停滞的原因。是这样吗？

托马尔：差不多吧。

克里斯：我明白了。你在这里做了什么假设？

托马尔：根据我刚才所说和所听到的，有几个！我需要更加注意这些，而不是想当然地认为这只取决于客户给出的价格，或者定价团队是我们的绊脚石！这提醒了我，我需要更深入地了解客户认为什么是价值，以及他们是如何做出购买决策的。仅凭这一点，我就能明白我忽略了一些深层的问题。

克里斯：如果我们能给 Acme 银行这些折扣，我们能预期拿到他们多少订单呢？

托马尔：我也不确定。我只是假设这会促使交易完成。

克里斯：根据我们的发现，你明白了什么？

托马尔：（停顿）我想这笔交易不符合规范。

（支持）

克里斯：我很欣赏你在这件事上的反思能力，并为自己找到改进的机会。现在让我们花些时间，从定价团队的角度来考虑这个问题。如果你是迈克尔，你对这种情况会有何反应？

托马尔：（停顿）我想我也会有同样的反应。我明白你的意思。我真的不能因为他的工作而埋怨他。我只知道这对我们而言是一个很好的机会，我不想搞砸了。如果我得不到折扣批准，我就以为你会支持我，这是另一个假设。要是你出手帮了我，情况可能会变得更糟，而且我们可能失去 Acme 银行的订单！

克里斯：我明白这笔订单对你有多重要，我也愿意为你提供赢得它所需要的支持。但是，想想我们刚才讨论过的，当你在联系定价团队时，你认为解决这个问题的最佳方法是什么？

托马斯：首先，我要先道歉。他们应该这样做。只有更好地理解他们所定义的好交易以及相关的参数，我才能理解他们理想的客户标准以及下次他们会寻找什么样的客户。与电子邮件相比，通过电话进行沟通可能会更好。如果我能更好地理解他们的职责以及我们合作的最佳方式，就会对今后的工作有所帮助。有了这样的方法，我感觉好多了！

克里斯：我很欣赏你解决问题的决心。我们的谈话对你还有什么价值？

托马尔：我需要更好地控制我的假设，认识到客户的反对意见和我头脑中的反对意见之间的区别。我不能总是假设价格，因为当我这样做时，我就不再会问其他关于确认价值的问题了。最后，我也要为他人的职责和工作安排着想，而不仅仅是我自己的。

克里斯：听起来，你对如何避免你所经历的挫折以及如何获得你想要的结果有了新的想法。

托马尔：当然，克里斯。谢谢！

克里斯：你之前提到错过了一些问题。你现在还有什么问题吗？

托马尔：……（他列出了一些基本问题，但显然漏掉了那些更深层、更具挑战性的问题，而这些问题可以避免他身处现在的处境。）

克里斯：谢谢你，托马尔。这对你很有帮助。我能否分享一些我的观察结果？也许会帮助你避免这些定价问题。

托马斯：当然！

克里斯：正如你提到的，你可能还需要问每一位潜在客户一些额外的问题。不如我们找个时间，把你需要了解的每一位客户的情况都写下来，然后，你可以精心设计一些问题，这些问题可以为你提供必要的信息。你觉得怎么样？

托马尔：我喜欢这样。

克里斯：太棒了！我们已经为下次会面发现了另一个有价值的话题。现在，让我们花几分钟时间来回顾一下我们讨论过的内容，这样可以确保我们在接下来的步骤中保持一致。

托马尔：好的。我要以一种更具协作性的方式更新对定价团队的理解，设身处地地考虑他们的职责和优先事项，而不是总是假设没有人会理解我正在经历的事。我还想确保我能更好地解释为什么这对每个人来说都是一个好机会，并且设法给定价团队一个批准特别折扣的理由，而不是告诉他们这对我很重要。

克里斯：这听起来很对。让我们从采用你的新方法开始，并将它记录下来，这样当你与定价团队沟通时，就可能会得到一个积极的反馈。现在，我们可以进行角色扮演，你可以练习几遍。你知道，这会提高成功的可能性！你觉得怎么样？

托马尔：我准备好了！再次感谢你愿意花时间帮我解决问题！真的很有帮助。

克里斯：我很高兴你制定了一个适合自己的策略，并且准备好了与定价团队沟通时要说的话。

托马尔：让我们开始吧！

这是一次效果完全不同的谈话！当克里斯使用 L.E.A.D.S. 教练模式，并以提问的方式（而不是用答案）来引导谈话时，他会发现更多的教练机会，整个谈话的过程和效果都是完全不同的，而且他们成功地找到了问题的根本原因以及阻碍托马尔与定价团队有效合作的原因。

请注意，在谈话中，克里斯不仅对托马尔的假设提出了质疑，而且还确保使用某些词汇和短语的一致性，比如"更好的交易"，并在评估和定义步骤中问了一些扩展型问题，以确保他收集了所有事实并揭示了根本原因，而不是自己做出假设。其中一些问题包括：

- 后来发生了什么？
- 还有什么是真的？
- 他们的反应如何？
- 还有哪些？
- 你在邮件里写了什么？
- 接下来，你还做了什么？

此外，克里斯还指导托马尔认识到他对同事和客户的所有假设，而这些假设导致了他与定价团队之间持续的价格争议和对抗情绪。如果你想知道你的直接下属对接受指导会有什么反应，这个例子展示了一种可能性。托马尔似乎对这次谈话的意义深感满意，并特意表明他非常珍惜这次机会！

这段对话还解决了管理者们很难解决的一个问题，那就是在每一次谈话中，你如何发现被下属疏忽的地方，并加以指导。请注意，克里斯在谈话过程中发现的问题：托马尔在与客户沟通时有自己的假设，并存在一些疏漏。

在这次谈话中，克里斯只专注于为托马尔创建谈话轨迹，以便与定价团队一起使用。他特别建议在谈话结束时安排一个单独的会议，来讨论他所忽略掉的问题。这一切都符合教练工作程序的需要：每次教练只解决一个问题，直到结束。

最终，托马尔获得了一种清晰的方法，即他在与同事沟通和确认潜在客户时需要改进的方法。

我相信，第二段对话为你提供了一些关于如何在这种情况下通过提问，而不是回答问题来进行教练的新思路。

此外，在结束这次谈话时，你可以与你的销售团队一起练习如何提出基本的问题！

安排这样的谈话证明你是有时间去教练下属的。在每次谈话中多花三五分钟甚至十分钟来彻底解决问题，而不是在对方的职业生涯中一直进行同样的谈话，这是值得的。这可能是你那天最重要的谈话之一，就为此多花几分钟吧。教练工作是一项明智的投资，它最终会给你带来丰厚的回报，包括提高团队绩效以及让你有更多的可支配时间。

多进行教练，少一些工作。

Sales Leadership

The Essential Leadership Framework to Coach Sales Champions, Inspire Excellence, and Exceed Your Business Goals

动员的艺术

管理者都自认为他们是可以发号施令的人。考虑到他们在工作和家庭中承受的压力，谁能责怪他们呢？他们有正当的理由这样做。作为一个极度重视管理者群体和客户的人，我很明白这一点。除了个人责任之外，管理者不仅要花时间应对各种会议、报告、预测、项目期限、商业计划、绩效评估、销售电话等，而且每月要评估团队的计分卡和实现目标。

当你考虑到所有这些责任时，就不难理解为什么他们的压力如此之大，以及要完成所有这些事情的紧迫感。遗憾的是，这通常是有代价的。

正如我们在第 4 章中所讨论的，优秀的管理者用问题而不是答案来领导团队，这也是教练的前提。无论你是根据别人给你的议程来指导他，还是你发起讨论，将教练工作默认为指令模式都是一种职业危害。

在我们深入了解进行动员谈话的步骤之前，让我们回顾一下什么是动员，以及如果你想创建一个行为一致、有共识、相互信任的统一战线，从而为共同的核心目标和愿景去努力工作，掌握这种沟通策略为什么如此重要。

人们的动机源于他们想要什么，而不是你想要什么。

动员是什么

通常，当我们听到"动员"这个词时，我们会想到学校和医疗保障计划。然而，这个词也具有接受、允许、欣赏、承诺、愿景和方向的含义，这些词中的每一个都可以整合到动员的定义中。如果我们要给动员下一个简单的定义，就像教练这个词一样，那就是非凡领导者所使用的语言。

然而，当教练工作总是围绕学员展开时，有一个很大的区别：动员是要在谈话中设定你的预期，明确你的意图，同时使你的议程与学员的个人和职业目标保持一致。动员是一种语言，它能够激发变革、合作、参与和团结，也能激励人们想要参与到一个关乎他们自身的共同事业中去。

在任何你发起的谈话中，当你需要对方做某事、接受某事或改变某事时，他们会立即想知道这对他们有什么好处。如果他们不知道你要求他们这样做的原因，以及你的要求对他们来说有什么价值，他们就会马上拒绝。

如果你想知道动员策略的有效性、你获得共识的能力以及你对他人的积极影响，这很简单。他是否愿意与你交谈？他们接受了一次可能有点艰难的谈话还是拒绝了？所以，自我反思一下，去找一个同伴或教练，并且寻求指导和反馈，以找到你的动员过程中缺失的部分。

旨在设定意图和建立一致性的动员谈话并不局限于管理者和他们的直接下属之间，它适用于任何人。通过动员，你可以开始与合作伙伴、供应商、同行、销售人员、客户、老板、跨职能团队，甚至陌生人、家人和朋友进行谈话。

动员能够设定谈话的意图，并且围绕共同的目标创建起一致性。首先，你需要找到一个共同点，建立共识，让人们接受你的想法，分享他人很难听到的观察结果，或发起一个你认为有难度的话题。充分发挥动员的力量将使你成为一个一流的管理者和战略沟通者。

现在，让我们开始吧！我们可以对大众、对少数人甚至对一个人进行动员。以下是管理者通常会发起的一些重要谈话，以及可以用动员成功开启谈话的情况：

- 要求或动员他人接受教练；
- 公司政策发生变化；
- 掌控个人目标和承诺；
- 采用一个新流程，例如修改后的销售、招聘或采购流程；
- 有效地使用客户关系管理系统，遵守公司政策；

- 处理负面行为和不良态度；

- 绩效问题或机会（提高各方参与者的绩效）；

- 改善或重建关系；

- 重建信任；

- 提高效率；

- 揭示人们的动机和核心价值观；

- 与跨职能部门积极协作；

- 向老板寻求帮助（比如升职、加薪、持续指导、艰难的谈话、讨论挑战、做出重要决定时征求许可等）；

- 观察（比如客户拜访、时间管理、书面沟通、电话会议等）；

- 接受导致行为改变的反馈；

- 树立个人形象；

- 让人们承担起责任；

- 培养或提高一项基本技能或能力；

- 做出采购决策；

- 区域管理；

- 薪酬变化；

- 角色和职责的变更；

- 围绕个人职业生涯轨迹创建现实的预期。

想象一下，我向前伸直双臂，让它们彼此平行。我一只手紧握着一个人的工作职责和商业目标，另一只手紧握着他的个人目标和梦想。现在，试想一下，如果你能将这两件事结合起来，你团队中的每个人就不仅要为实现一个共同的目标而努力，而且也会意识到实现他们的商业目标将如何有助于他们实现个人目标。这样，你就有了一个团结的团队，成员们在尊重每个人的个性和个人目标的同时，会朝着共同的目标努力。

现在，你已经成功地将员工的个人需求与他们的职责以及他们需要做什么来实现目标结合起来了。你以一种鼓舞人心的方式做到了这一点。

当然，有些管理者热衷于表面上的强权。

管理者：你们需要集中精力，把我们需要的所有客户的准确信息输入客户关系管理系统。

下属：为什么？我已经有了一套有效的系统。在您推出客户关系管理系统之前，我已经用了它好几年了。客户关系管理系统既麻烦又费时，而且我不觉得它有什么价值。这只是管理层管理我们的另一种方式。我们为什么要这么做呢？

管理者：因为我告诉过你，这是你工作的一部分。

讨论到此结束。管理者利用他们的职权迫使员工服从，从而结束了谈话。对你而言，管理者这样做的效果如何？我敢打赌，你经历过很多次这样的谈话。这是管理者在需要说服员工做某事时的典型做法，即利用其职权，通过恐吓让人们去做一些他们看不到价值的事。因此，无论你提出什么要求，无论是做什么、尝试什么或者改变什么，他们都会去做，因为这是他们工作的一部分，但他们潜在的认同感和参与感都会转瞬即逝。

现在，想象一下，如果他们明白了实现他们的商业目标与个人目标之间的关系会如何？他们知道，如果他们出色地完成了工作，实现了目标，他们就会得到奖励。

当你意识到你可以后退一步、深呼吸，并选择如何进行有效的谈话时，你很快就会像一位有能力、有影响力、受人尊敬的管理者一样进行交流，同时永久地消除对抗。说到对抗，你经历过艰难的谈话吗？这就是为什么是时候去了解如何永久地消除艰难的谈话了。

人人都会有对抗心理

我想提高自己的沟通能力，尤其是当我面对同事、老板、销售团队和客户的时候。根据他们的性格或者我与他们相处的经历，我发现与他们交谈或者进行那些艰难的谈话是很有挑战性的。

如果你是一个乐于接受持续成长、个人进化、终生学习和自我发展的人，那么这句话就很有见地。现在，是时候以教练的姿态上岗了，并养成保持教练的习惯。你是否立即读了刚才那段话，并且想："这是教练时刻吗？"如果是这样，我很佩服你。现在，你想问的第一个问题是什么？"为什么你觉得你需要改善自己的沟通方式？""为什么你觉得和某些人交谈很有挑战性？""你如何定义艰难的谈话？""为什么这些谈话很艰难？"

是时候通过开始一段探索之旅来找到根本原因了。

我经常安排几天时间到现场为员工提供教练。在一次与 Marble 电信公司高层领导团队的会议上，我提出了这个问题。这是一家总部位于马来西亚吉隆坡、市值数 10 亿美元的电信公司。我经常听到其首席执行官阿姆海德说："我需要学会更好地处理分歧和冲突。我倾向于要么像火山一样爆发，要么避免这类谈话。我讨厌与人对峙或进行艰难的谈话。"

我问他是如何定义对抗的。他说："冲突。你知道的，一场争论。"

"再详细说一说。"我请求道。

"我知道，当它演变成一场争论或者我的评论、观点或想法不被认同时就产生了对抗。当有人对我说的话有消极反应或者以一种咄咄逼人的姿态接近我时，我也会情绪激动，反之亦然。我注意到，我的语调变了，我提高了声音，我的肢体语言也发生了变化。对我而言，对抗也是分歧。然后，人们经常会互相攻击，比如，'忘了你上次尝试的时候发生了什么事？''你错了。''你真的认为那行得通吗？''你真的认为这就是你本季度未能实现销售目标的原因吗？''你可能需要花更多的时间与你的代理进行一对一的沟通，弄清楚为什么团队的业绩在下滑。'这些都是酝酿中的、即将爆发的冲突，它们往往会导致一地鸡毛的结局。"

没有所谓的"艰难的谈话"

我用一个逆向问题向阿姆海德介绍了另一种思维方式，即"如果根本就没有艰难的谈话这回事呢"。

"这不可能，"他说，"肯定有。我随便就能列举一大堆很难进行下去的谈话的例子。"然后，他分享了一些具有挑战性的话题。以下是他提到的一些例子：

- 处理绩效不佳问题或行为问题；

- 绩效评估或未能完成销售目标；

- 薪酬变化；

- 内部政策变化；

- 客户服务问题；

- 未能达到客户的预期；

- 在销售过程、策略、如何处理某些情况等方面有不同的意见或观点；

- 管理那些对发生的事情有强烈情绪反应或过于敏感的人；

- 团队成员之间的人际关系紧张，特别是当有人冤枉了其他人的时候；

- 试着让团队中的资深销售人员尝试一些新东西；

- 别人认为他们是对的，但他们完全错了；

- 指导那些我认为比我更擅长他们工作的人；

- 遵守我的直接下属希望我遵守的承诺；

- 面对一位努力在季度末完成一笔困难交易的销售人员；

- 面对一个几乎没有自我意识的人。

"显然，进行这些谈话很艰难，而且常常很尴尬。"阿姆海德非常肯定地说。

管理者和销售人员在面对冲突和挑战时经常会面对是应战还是逃跑的选择。是像一头横冲直撞的犀牛一样应对这些谈话，还是像把头埋进沙堆里的鸵鸟一样躲避，希望问题能神奇地消失？如果真正的冲突都仅仅是你的主观想象会如何？

停止创建不存在的东西

回想你经历过的混乱的或者具有挑战性的谈话。是什么让谈话如此困难？根本原因不外乎以下五个方面：

- 你的方法；

- 你认为当前的假设是真实的；

- 你在谈话时的心态；

- 你对结果的预期；

- 你的经历，包括你过去面对类似的情况或人的经历，以及你和那个人的关系或者他们的角色。

我们告诉自己："我还记得上次不得不和某人就他们的绩效进行严肃而坦率的谈话。我只能说，谈话进行得并不顺利。"下次，当我们面对类似的场景时，我们的脑海中会浮现出一个假设的结果，我们会根据自己的经验和对真实情况的假设做出反应。这种想法的不良后果是，你会基于你的反应方式重建与你过去的经历同样的经历。自我实现的预言得到验证，因此，这些艰难的对话将继续出现在你的生活中！

你对人们将如何反应的预判以及你对自己想法的坚定程度都将影响你选择哪种与他人交往的方式。本质上，你选择的沟通和反应方式都是基于一些可能不真实的事情，这只会继续导致无效的沟通，并迫使你期待一个不良结果，而不是创造一个新的、更好的可能性。

当你通过动员来改变沟通方式时，你就改变了人们倾听、与你互动以及他们如何感受的方式。在每一次谈话中，你所创造的环境氛围决定了人们是沉默不语，还是敞开心扉，并以一种高效、协作的方式真诚地沟通。这一切都由你来决定，与其放弃这种能力，不如驾驭它！

用你喜欢的方式进行沟通不是他人的责任。优秀的管理者会让自己的沟通方式与他人喜欢的方式保持一致。

动员的六个步骤

作为谈话的发起人，在开始对话之前，你要确保谈话时机适合对方，这是非常重要的。如果你问你的直接下属是否有时间谈话，可能很多人都会说没时间。与其让他们心生恐惧，不如试试以下这些步骤。

步骤 1：评估谈话的时机

我想和你聊聊我观察到的谈一些事情，如果我们一起努力，这些事会让你更加成功，并且减少一些挑战困难和额外的工作。你现在有时间吗？还是正在忙？

步骤 2：表现出对他们目标的支持

我希望你在你的职业生涯中获得成功和满足感。

"我希望你……"是一种支持他们的目标、重视对他们而言最重要的东西的陈述。当你对他们想要的东西、优先考虑的事情表示支持时，你可以这样说。

步骤 3：陈述你的意图

这就是我们正在做的。

在我们上次的客户会议上，我注意到了你与客户打交道的方式以及你提问的方式，我想与你讨论一下，我认为这是你业绩下滑的原因。

步骤 4：阐明原因

以下是我们这样做的原因，以及这样做对你有什么好处。

我承诺和你一起解决这个问题，这样你就可以更快地完成任务，而不会像你告诉我的那样感到额外的压力。

步骤 5：确认参与

这是你需要用一个封闭式问题来确认他们是否愿意进行谈话的时机之一。

你愿意讨论我们如何共同实现这个目标吗？

在极少数情况下，他们会说"不"，这就变成了另一个教练时刻，你们可以从一个最有影响力的指导问题开始：为什么。

步骤 6：教练

动员是发起对话并设定谈话意图的沟通策略。一旦你们达成了共识，教练就可以开始了！动员和教练之间的唯一区别在于发起谈话的人是教练还是学员。如果你以管理者的身份开始谈话，那么在接下来的教练之前还需要进行动员。

如果你还不清楚团队中每个人的动机而只能做出假设时，请记住这一点：与其假设每个人的驱动力是什么，不如使用一份动员声明（它可以用于每次动员谈话）。正如你在步骤 2 中看到的，要让他们定义成功和满足感对他们（而不是你）而言意味着什么。只要你肯花时间去发现什么能够鼓励每个人，你就可以制定你想要的、能够满足他们特定目标的动员声明，而不是对你需要动员的每个人都说同样的话。

是他们想要什么，而不是你想要什么

类似"我希望你……"的表述总是意味着以一种积极的方式来阐明对你所动员的人而言什么是最重要的。因此，当你以你的安排开启谈话时，动员的第一步和第二步就是关于它的。这很容易降低这种表述的影响力。所以，请不要做无用的假设，它们会破坏你为动员付出的努力。以下是一些需要避免的语句。

- "我希望你在这个季度结束前还能有工作。"这是一种消极的、基于恐吓的陈述。
- "我希望你这个月能完成销售目标。"这都是你的安排。动员的第一步是使用"我希望你……"这种表述来表明自己支持他们想要的东西的态度。一旦实现了这一点，接下来你就要在两者之间建立一致性。当然，如果他们说这对他们很重要，那么这种表述就是合适的。
- "我希望你能改善与客户的关系，增加留存收益。"这种表述存在两个问题：第一，管理者并没有确认这是根本原因；第二，管理者认为只要能改善客户关系，就能增加留存收益。管理者正在把他们的议程与假设结合起来！

我希望你们能明白培养这种动员的习惯是多么重要，并且应该对自己这样做的能力充满信心，尤其是现在你们有了这个完美的、新修正的动员策略！

然而，管理者们仍然很难意识到什么时候可以进行动员谈话、什么时候可以进行教练式谈话。让我们一起来解决这个问题。

教练与动员：差异与互补

我为自己能在旅行中学习不同的语言而感到自豪。我可以用20多种语言说一些特定的短句。虽然有人说他们能够流利地说一种语言，但这不意味着他在世界各地都会被理解。

在埃及的时候，我学会了一些阿拉伯语。在那里待了一段时间后，我登上了飞往沙特阿拉伯利雅得的飞机，去和微软公司的一个管理团队一起工作。

与人建立密切的联系是我的处世之道。当我去某个国家旅行时，我觉得尊重该国的风俗习惯、试着说该国的语言是对该国及其文化的尊重。人们肯定会欣赏你的努力，这也让我与遇到的每一个人都建立了更深的、相互尊重的联系。在利

雅得授课时，我尝试着说了在埃及学到的阿拉伯语。显然，我惨败了，因为房间中的每个人都看着我，就好像我在说阿拉伯语或英语之外的另一种语言，他们都能很流利地说这两种语言。

带着好奇心，一位经理迅速问道："你在哪里学的阿拉伯语？"

"埃及。"我说。

经理笑着说："埃及的阿拉伯语和沙特阿拉伯的阿拉伯语是不一样的，就像你在非洲和印度会发现数百种不同的方言一样。"当然，我们笑得都很开心。在沙特阿拉伯的时候，我确实学会了当地的阿拉伯语。

这种经历与我在讨论动员谈话和教练式谈话的区别时遇到的情况类似，因为两者之间存在一种共生关系。语言的微妙之处在于它可能会破坏你选择的词汇的含义，或对它的含义产生积极的、指数级的影响，尤其是当一些相同的词汇在同一种语言中有不同的含义时。在讨论了教练与动员的区别之后，管理者不可避免地会感到困惑：L.E.A.D.S. 教练模式中的"动员"和单独的动员模式中的"动员"有什么不同？

表 7-1 展示了这两种动员的区别和相似之处，以及何时进行谈话。

表 7-1 L.E.A.D.S. 教练模式中的"动员"与动员模式中的"动员"的区别和相似之处

即兴的情景式教练和计划好的教练课程的主题是都是由学员发起和展开的	
动员谈话的主题是由教练或管理者而不是学员发起的。这时，你会带着你的议程、观察结果或你想讨论的话题去接近一个个体或者团队	
L.E.A.D.S. = 教练框架	E.L.A.D.S. = 动员框架
五个步骤的 L.E.A.D.S. 教练框架	六个步骤的动员框架，以确定意图，并创建认同感（第一步：评估谈话的时机）
学员就他们的目标或挑战向你寻求教练、指引和帮助	你带着你的议程、目标、挑战或者你想讨论的观察结果去接近学员，然后开始教练
L.E.A.D.S. 教练框架中的"动员"步骤的目的是确认学员已经准备好接受教练，并且有足够的时间进行教练式谈话	动员框架设定了你的预期、议程和为学员带来的好处，同时确保谈话的时机正好适合他们，然后开始教练
教练内容一般都与学员有关，包括他们的预期、目标和议程等	动员是指获得许可来分享你的预期、目标、议程或观察结果，然后开始教练
尽管是学员发起了谈话，但还是要尊重管理的首要目标，即让你的员工更有价值	尽管是你发起了谈话，但还是要尊重管理的首要目标，即让你的员工更有价值

为了进一步说明两者的区别，如果你看一下 L.E.A.D.S. 教练模式，你会发现我们所做的只是两个小小的改变：第一，我们改变了学习和动员这两个步骤的顺序；第二，我们改变了谈话的发起人。如果把它写成缩略语的形式就应该是这样的：

L.E.A.D.S.（教练）和 E.L.A.D.S.（动员，然后开始教练）

一旦你使用动员的六个步骤确定了你的意图，并设定了谈话的预期，那么谈话就会自然变为教练式谈话。无论是谁发起对话，管理者的语言都应该是教练式的。

不管这是谁的议程，教练和动员都要尊重基本原则，并一直进行教练。学员带着议程来找你和你带着议程去找他们的唯一区别在于，当你在动员某人时，你的教练工作将在动员完成之后开始。当你把动员步骤放在谈话开始时，你们就会从动员开始，然后是教练，即 E.L.A.D.S.。

在教练过程中是否引入你的议程

"如果他们按照我的方式来做，那么一切都会进行得很完美，他们肯定会成功！"你可以想象，我从未在销售经理那里听到过这样的话。我在哪里实施管理者教练计划并不重要，无论是在美国还是世界其他地方。另外，人们至今仍对一点存在困惑，那就是何时比较适合把你的议程、说明性的建议和观察结果引入谈话，以及何时点到为止，直到时机成熟才发表自己的观点。

从我出版了第一本有关教练的书开始，直到今天，我仍然相信，对管理者、销售人员和所有人而言，每天都需要做的最具挑战性的事是在每次谈话中得出结论，以创造新的可能性，尤其是在进行真实且有效的教练时。虽然这听起来几乎不可能实现，但事实并非如此。坦率地说，如果你无法在每次谈话中学会如何呈现和得出结论，那么你就可能会造成很多间接问题，而且会错误地将这些问题归为典型的商业问题。就像学习任何新东西一样，凡事起步难。我承认，作为一位为客户提供销售指导的外部专业教练，当我在教练那些并不为我工作的高管和销售人员时，我更容易得出结论。毕竟，作为管理者，你需要实现目标，需要完成任务指标。与体育教练类似，你的成功、你的声誉和职业生涯都与你团队的成功和表现直接相关。不管你喜欢与否，你的团队就是你的写照。这包括他们的行为以及如何向世界展示自己。但现在，这与你的直接下属无关，只与你以及你向团队传递的关于你是谁和你需要做什么的信息有关。

打破这种模式

有时候，直接下属会认为管理者有点不专注、难以捉摸，甚至情绪有点不稳定，原因是管理者使用的方法与他们使用的方法不一致。所以，教练不知道每天都有谁会出现。有时候，你用心良苦，用耐心和无条件的支持来真诚地教练下属，然而，来自上级的压力、其他承诺、最后期限或者糟糕的态度都能在瞬间击倒教练，从而摧毁下属对你的信任。

这多么讽刺！管理者对他们的员工所做的事正是他们不愿意对员工做的事！以下我将介绍如何区分两种常见的谈话类型，以及这样做的必要性。

> 你有自己的计划安排。也就是说，有些事情需要你的团队去做、去改变、去尝试。也许有一些改变是高层批准的；也许一项新的政策、技术或新的薪酬结构正在推行；也许需要对特定的客户、渠道和预测进行评估；你也可能希望并期待你的员工改善他们的态度、技能，以及执行你的销售方法和流程。又或者，当你面对一个表现不佳的人，并且考虑到他们的职责和对职位的预期时，平庸的表现显然是最难以令人接受的。

> 显然，在这些谈话中，你有一个议程和明确的目标。没关系！但不要把这类谈话归为教练式谈话（即使你是教练），因为他们没有发起谈话！你可以将其称为策略会议、头脑风暴会议、晨会，甚至是动员谈话。

这是一次动员谈话。你正在动员个体或团队就你的议程、目标、愿景或想法建立认同感，并就你需要他们做的事或改变建立更深层次的一致性和参与感。不是因为你告诉他们必须这样做，而是你花了时间使他们的个人目标与你的目标保持一致。随后，他们会明白这对他们有何好处，以及他们如何从实现这一共同目标的努力中获益。

与其从他们需要做什么说到他们需要如何做，不如插入"为什么"。现在，这次谈话听起来是这样的："这是我们正在做的，这是我们这样做的原因，这是你能从中获得的好处。"

信任的崩塌

想象一下，你和你的一位直接下属安排了一次教练课程，主题内容是教练。他们推进议程，你可以支持他们实现目标。因为这是一次事先预定好的教练课程，所以你有时间专注于技能培养，或者深入了解你在一次销售电话会议上的观察结果。

这就是你设定的预期，而教练工作和信任就是这样被破坏的：

> "我知道你想在这次教练课程中谈谈你职业生涯中的下一步，以及如何才能实现自己的目标。不过在此之前，我对你的业绩和销售数字有一些担忧，我认为我们应该首先解决这些问题，比如从你最大的客户开始。据说这个客户即将投奔我们的竞争对手。"

> 永远不要玷污教练工作的神圣。如果你用你的议程打乱了一次教练课程，而没有设定课程的预期和目标，你的学员就不知道该期待什么，信任就会被破坏，教练的经验、声誉和价值也会受到质疑。

你会让学员措手不及。如果你采用了这种策略，就会逐渐破坏信任以及每位管理者都想努力在团队中创建的对工作和公司的承诺。在与这位学员的下一次教练课程结束时，你会觉得你的直接下属只会告诉你他们认为你想听的东西！

信任消失了，因为教练违反了教练工作的核心原则。要始终坚持原则，不要在比赛中途改变规则，这就是为什么我创建了六个步骤的动员策略，它能帮你发起有策略的谈话！

当管理者说他们在进行教练，并且专注于自己的目标，或者说自己变得善于发布指令、做出强制性规定，甚至有防御性、不耐烦或者消极情绪时，他们实际上背离了教练的本质。你可能会使被教练者失去一次积极的、有价值的体验。

管理者最纠结的是什么

在经过你和你的直接下属确认的教练课程中，直接下属将推动议程。这就是教练工作的价值所在。学员会专注于他们想要的和对他们而言重要的东西，而不是你想让他们做的。

教练工作不应是绩效评估，而应把它当作单独进行的谈话来对待和安排。教练工作的重心永远是学员，而不是你自己。

管理者每天都面临着巨大的压力。但是，当我们每月拿出一两个小时来安排教练课程（无论是面对面的还是远程的）时，我们真正谈论的是什么时间承诺呢？别再算了。请记住，你进行的教练越多，你就有越多的时间做教练。

给团队成员留出充足的时间，这是他们想要从你这里得到的礼物。作为管理者，如果你自己都做不到这一点，那么你可能就很难看出它对其他人的重要性和影响，以及人们有多需要它。

理想情况下，你每周都会为每位团队成员安排一对一的教练，但实际上我知道，你每月为你教练的每个人只安排了两次课程（请记住，即兴的情景式教练和观察一直在进行）。想象一下，如果老板为你创造了这种持续的、安全的、值得信任的环境，你会有什么感觉？

教练工作和动员会停止吗？当借助任何平台进行沟通时，无论谈话的主题是什么，语言、听觉、身体、情感和书面的沟通是否都曾经停止过？世界顶级运动员会停止训练吗？因此，如果你想保持公司和销售人员的冠军地位，教练和动员就同样不能停止。

作为管理者，即使有时你可能有特殊事项需要处理（无论是在交易评估、预测评估、薪酬评估期间，还是在经人力资源或高层批准的人事变动期间），这也并不意味着你不需要教练员工。

提醒一下，教练只是一种更有效的沟通方式，从提出更好的、精心设计的问题开始，这些问题不仅关注结果，而且关注过程。教练可能发生在你的每次谈话中。

你总是在以一种更有吸引力的方式进行教练或简单的沟通。因此，尽管主题、人员、情景、目标和谈话可能会变化，但基础（即指导框架和动员框架）始终如一，从未改变，也从未动摇。

我想举个例子来说明这一点。在伦敦举行的一次培训活动中，一家全球知名汽车公司的一位董事发表了一个很有说服力的观点。她是这样说的。

基思，有时候我必须让那些不向我汇报工作的人一起工作，比如在一个项目上或者为了共同的目标合作。他们可能是其他管理者、利益相关者、合作伙伴、客户，甚至是我的老板。但我不会真的告诉他们，我是在教练他们。

相反，我只是要确保自己理解他们对每一次会议的预期，并向他们提出更好、更有战略性的问题，以推动更深层次的参与、协调和认同。我会暂时把我的议程放在一边，花时间更好地理解和尊重他们的观点，然后一起合作，共同创造一种新的可能性，这将支持我们实现共同的目标。

当这位董事用一种不同却同样有效的方式分享了她对教练和动员的定义时，对她而言，这是一个顿悟的时刻。

请记住，你不是在教练别人。你不会到处告诉别人你是教练，因为事实上你就是教练。

不进行动员的代价

尽管每次谈话都给你提供了一个问更好的开放式教练问题的机会，但你必须在教练课程、策略会议、交易回顾、动员谈话或绩效评估之间划出一条清晰的界线。如果界线模糊，你不仅会破坏信任，而且会把问题留给别人（尤其是你的直接下属），让他们来揣测你的真实意图。

这时，他们会好奇地看着你，想知道你是杰科博士还是海德先生[①]（例如："我的经理会教练并支持我，或者这次谈话会变成提醒我关注目标和需要改进业绩的指令式单向谈话。"）。即使你发自内心地想要关心和支持你的员工，但是如果你

[①] 杰科博士和海德先生是19世纪英国作家罗伯特·史蒂文森（Robert Stevenson）创作的长篇小说《化身博士》（Strange Case of Dr Jekyll and Mr Hyde）中的主人公。书中的亨利·杰科博士具有双重性格，会变身为海德先生。——译者注

不让他们为改变做好准备、设定清晰的目标，并且不让他们知道你正在做什么、为什么这样做，以及这样做对他们有什么好处，这样的谈话就可能会使他们心生恐惧。

让我来解释一下。如果你突然问你的一位员工是否有时间来谈谈，他们会立刻产生抵触情绪，心生恐惧，极度不安。如果你的老板这样对待你，你可能也会有同样的反应。

例如，当你收到经理发给你的主题为"请尽快给我打电话"的邮件时，你的本能反应是什么？你可能会想："我做错了什么？""我有麻烦了吗？""我是不是做错了什么事？""我的经理是不是有什么不可告人的计划？""他们为什么要让我这么做？""我是被解雇了、降职了还是减薪了？"

当你最终联系上你的经理时才发现，他们只想了解新项目的进展情况。你从来不会听到有人有这样的反应："我的经理想告诉我，我有多棒！"面对未知的事物时，我们总是感到恐惧，而不是快乐，直到你重新训练你的大脑，并养成一个更健康的思考习惯。

如果你觉得你可以把一小时的一对一教练课程分解成两部分，即30分钟按照被教练者的议程进行，30分钟按照你的议程进行，那么你就再一次破坏了教练工作的价值和员工对你的信任。

> 如果没有信任，你将一无所有。好消息是，你总是可以通过动员不断地重建信任或者每段关系。

你每天都需要处理各种问题和沟通障碍，它们产生的主要原因是没有设定和管理预期。只要设定新的预期、关注他人的需求，就可以消除教练工作或者做出改变的阻力。这是培养认同感、建立公司范围内的一致性的真正秘诀。

精确地管理预期：用一种不同以往的谈话

优秀的管理者在每次谈话中都非常清楚自己的意图和预期，并能够意识到不断改变规则可能造成的伤害。如果你想消除每天遇到的大部分挑战和沟通障碍，同时继续在每段关系中建立你所需要的信任，那么就请注意你如何进行每一次谈话以及如何有效地管理预期。为了使目标与教练工作保持一致，并保持团队信任，你需要：

- 与学员一起定义教练范围；
- 当你有一个议程时，请遵循六个步骤的动员过程。你发起的谈话将对他们有所帮助；
- 用行动证明好教练是什么样子；
- 让学员确定每次教练的目标。

Sales Leadership

The Essential Leadership Framework to Coach Sales Champions, Inspire Excellence, and Exceed Your Business Goals

08

创建企业内部一致性的
七种动员谈话

我们先快速回顾一下，到目前为止我们已经讨论了哪些内容。

1. 如何定义理想的企业文化，以及如何为打造这种文化做好准备。

2.《财富》500 强企业中，超过 50% 的企业都采用了经过验证的、可在全球范围内使用的、最新修正的 L.E.A.D.S. 教练模式和方法。

3. 正在发挥作用的 L.E.A.D.S. 教练模式。

4. 修正后的动员谈话的六个步骤，它们是如何对你的教练工作以及你为创建一个统一的团队、处理问题、激发积极的变革和创新等所做的工作进行补充的。

现在就开始教练吗？你可以使用我们讨论过的许多策略，包括第 4 章中的 60 秒教练策略。主动的动员谈话紧随着预期的转变，将让你后续的教练工作更为顺畅，因此，它是你无法省略的。你需要跟踪并记录所有的教练内容及其产生的影响，发现其中发生的变化，使其产生快速的、积极的效果。

让员工为改变做好准备

"基思，我明天回到团队时应该从哪里开始引入教练这种新的合作方式？我的管理方式将如何才能变得更好？"这是每位参加我的领导力教练项目的管理者在课程上都会问的问题。

当你向你的团队或公司介绍教练文化时，你可以使用我接下来将要介绍的最有说服力的谈话模板，这将成为创建你想要的教练文化的捷径。

围绕教练文化建立一致性和认同感

当你向你的团队介绍或者重新介绍教练文化时，你该怎么做？有些管理者会先发一封电子邮件，然后安排一次团队会议，向整个团队介绍教练工作的理念，因为接下来会有一对一的谈话。有些管理者则更喜欢在一对一的私人会面时进行关于教练工作的初始谈话。这也包括了有些管理者会重启教练式谈话，他们原以为是在教练别人，但在参加了我的管理者教练培训项目后，他们意识到自己并不是在教练别人，或者是在某种程度上教练别人，他们需要改变自己的方法，使教练对其直接下属更有效、更有价值。

无论你如何向你的团队介绍或重新介绍教练工作，明确你的意图和对他们有什么好处将为你节省宝贵的时间。如果让团队成员来揣测你的议程，他们可能会产生不必要的猜忌。你可以从一开始就建立这种牢固的、健康的关系，并创建积极、信任、合作和开放的环境，使你能够赢得直接下属更多的尊重、信任以及他们对目标的承诺。

对话方式 1：通过电子邮件为改变做好准备

你可以选择将该邮件发送给全公司或只发送给你的团队。你可以在下一次团队会议中快速地讨论这个问题，无论是远程会议还是面对面的会议。以下是一个模板，你可以根据情况进行调整。需要注意的是，这类信息最好自上而下地传递。

邮件主题：为你、你的团队和【公司名称】的成功创造条件

各位好！

正如你们可能已经注意到的，我们正在做一些积极的改变，这些改变将对我们每个人产生积极的影响。当我们走出舒适区去尝试做一些新的、未知的事情时，任何改变都可能会带来一定程度的不适。但有一件事是肯定的：我们将共同经历这些变化，你们每个人都可以信赖你的领导团队，在整个变革过程中我们都将互相支持。

要保持我们的竞争优势，唯一不变的就是变化。那么，我们如何利用每个人的热情、优势、天赋和个人目标，在公司内部或者与客户培养起深层次的信任、参与和协作关系呢？我们如何继续提供良好的客户体验？我们如何成功地培养公司未来的领导者？

一种方法是改变我们的沟通方式和支持他人的方式，这将通过绩效指导的技巧和语言来实现。毕竟，世界上每一位职业运动员都有一位教练，所以作为行业内最优秀的商业运动员的我们也应该这样做。通过教练，每个人都有机会在热爱本职工作的同时，真正发挥自己最大的潜能。

我对公司制定的新标准感到非常兴奋。随着公司的成长，我们团队中的每一位成员都要有意识地做出希望与我们一起成长的选择，这一点至关重要。在观察了其他经历过类似转型的公司后，我们发现，我们需要从根本上做出改变，即彼此之间从竞争转向合作。我们知道，一家公司要想改变，就必须从最高层做起。这种改变将从我开始，从我如何与你们沟通、如何支持和动员你们开始。

在接下来的几周，你们的经理将会安排时间，与你们每一个人讨论我们为什么要这样做、我们现在的情况以及明天又将如何。然后，你们将与你们的经理共同设计教练策略，从而支持你们有效地实现团队目标和个人目标，这样他们就能知道你们希望如何被教练，以了解对你们而言最重要的东西。希望你们的经理也能接受你们的指导和反馈。

有了你们的支持，我们有信心在这一转型过程中为公司的健康发展做出贡献，让每个人都真正成为公司的一分子。这些变化将使你们能够对我们的组织、我们的客户、你们的职业以及公司的每一个人产生积极的影响。

积极的变化正在发生。没有你们，没有你们的才华和贡献，没有我们百分之百的团结和协作，我们将无法做到这一点。我们会支持你们在这个过程中走出的每一步，并将携手一起走过这段旅程。

再次感谢你们的支持、承诺、接纳和帮助。如果你们对此有任何疑问或顾虑，请随时与我联系或与你们的经理讨论。我们期待为【公司名称】的每个人创造更大的成功！

动员是推动策略成功执行的重要手段。

对话方式 2：团队动员

正如我们在讨论没有让学员为变革做好准备的风险时所提到的，如果你之前是首席问题解决官，当你参与这个计划时消失了几天，之后又以一流的教练身份出现，那么如果你没让你的直接下属做好准备，你认为他们会有何反应？问题将取代你的指示和答案。这无疑是一个巨大的转变。他们还和你在执行这个计划之前一样。

如果你要改变规则，设定新的预期就很重要，这样，员工就会知道你的意图，以及他们可以从中得到什么。否则，你、你的团队以及你付出的努力会充满不确定性。

虽然在团队中引入教练有好处，但是有些管理者宁愿跳过向团队介绍教练工作这一步骤，而直接进行一对一的谈话。还有一些管理者希望在会议上向整个团队传达一些信息，这样每个人都能知道会发生什么。无论你是选择在团队会议上介绍教练工作，还是在与团队成员一对一的谈话中介绍，一对一的深入交谈都是教练过程中必不可少的一步。

利用这个机会，你们可以讨论教练是什么、他们对教练的看法和预期、教练的范围，以及他们对被教练的担忧。这种深入的探讨最好采取一对一的谈话形式，因为员工更倾向于在一个私密的环境中分享他们真正的担忧和目标。以下是一个向团队介绍教练工作的例子。

　　管理者：我希望你们每个人都能实现团队和部门目标，以及个人的职业目标，并在这个过程中相互支持。坦白地说，当说到让你为下一个职位做好准备以及在目前的职位上获得进一步发展时，我认为我让你失望了。为此，请接受我的道歉。我要努力成为更好的管理者和教练，让你在这里尽可能获得成功。

　　我参加了领导力大师培训课程，对于如何教练每个能为你带来巨大价值的人，我有一些很好的想法。当然，这是一段需要我们携手前行的旅程，我也期待着能从你们那里学到东西，所以，教练将帮助我们发挥自身的潜力，就像顶级运动员那样。

这需要你们的鼎力相助。我们要成为一个统一的团队、实现我们所有的目标，而教练是实现这一目标的最佳途径。所以，你们愿意重新设定对教练的预期吗？我怎样做才能更好地支持你以及改善我们一起工作的方式？我们需要做什么才能让教练对每个人都是有用的？

团队成员：太棒了！（也许他们并不会那么热情，但这会非常酷！）

管理者：谢谢大家。我感谢你们的支持。接下来，我会邀请你们进行一对一的谈话，这样我们就可以做到齐心协力，讨论我如何做才能成为更好的管理者、教练，以帮助你们实现职业目标和个人目标。

对话方式3：安排一对一的会面，分别对每个人进行动员

以下是一个一对一谈话的模板，你可以用它来向每位直接下属介绍什么是教练。注意，此模板还适用于动员的六个步骤。

我想分享我在这两天的课程中所获得的经验，这对我们所有人都有所帮助。你现在有时间来讨论这个问题吗？还是你正在忙？我希望你能体验到你在职业生涯中真正想要的成就感和成功。在完成领导力培训项目后，我意识到，就像科技在不断发展一样，为了最大化挖掘每个人的真正潜力，管理者与团队的互动方式也在不断发展。在运动场上，教练的职责是确保每位运动员都可以在比赛中表现出色。我学会了如何成为一位更好的管理者和教练，这样才能在更大程度上支持你，让你更成功。

请记住，这个学习过程是我们共同经历的，所以我可能不会第一次就做到完美，这就是为什么我希望从你们那里得到一些反馈和教练。最重要的是，你们能理解我的意图。这就是为什么我想花一些时间来聊聊你对教练的看法，这样我们可以就教练的定义达成一致，为教练过程设置可衡量的预期，明确我怎样做才能使这个过程为你带来更大的价值。

你觉得讨论这个怎么样（也可以问：你是否愿意讨论这个问题，以确保我提供的教练能帮助你取得更大的成功）？

现在，管理者可以提出一系列教练问题，以实现动员的目标。再次强调，要用你想问的问题，不过，我已经将那些必须问的问题用黑体字标出了。你刚刚完成了 E.L.A.D.S. 模型中"动员"的那部分！

- 你如何定义我作为管理者的角色？
- 你认为我有什么责任，让你在你的岗位上更成功？这些责任需要通过哪些活动来实现？
- **你如何定义教练？**
- **你以前被教练过吗？你的经历是怎样的？**
- 如果你能重新定义教练及其范围，这对你而言是一次宝贵的经历，那么你会怎么做？
- **在进行教练时，你对我有什么预期？**
- 如果你能设计一对一会面的流程，你希望它是怎样的？
- **在我们的教练课程中，你希望完成或者确保我们发现哪些对你而言既重要又有价值的内容？**
- **如果有，你对我们的教练课程和我们讨论的内容有什么担心？**
- 你是否愿意在我们定期安排的教练课程期间与我碰个面，以确保你能保持专注？
- 在教练你的时候，我应该注意什么？你希望我做 / 不做什么（他们可能要等到亲身体验过优秀的教练后才会知道）？
- 在每次教练课程中，你想完成或解决的一件事是什么（他们可能要等到亲身体验过优秀的指导后才会知道）？

一旦你们进行了这样的对话，你们就可以讨论你的教练风格，并做出必要的改进，以确保它适合每个人。

> 我能和你分享一下我打算如何教练你以及我的风格吗？这样你就会知道你期望什么，并确保它符合你的预期。

在结束这次谈话之前，安排好你的第一次教练课程。你可以使用以下对话。

> 让我们花些时间来安排下一次的教练课程，这样我们就可以特别关

注教练行动计划、你的目标，以及你遇到的任何挑战。我还将分享一个有用且简短的教练准备表和教练行动计划，这将帮助你为每次教练课程设定自己的预期，确保你能从我们每次会面中都有所收获。

对话方式 4：开始教练工作！与你的经理安排一对一的会面

当讨论教练不起作用的原因时，我听到的回答一般都是："这一切都归咎于老板。我知道什么是好的，但我的老板并没有以我认为有价值的方式来教练我，而且我认为，即使我向他提出这个问题，他也不会支持我。此外，在一天的工作结束的时候，公司会根据工作结果对我进行评估，我的老板也是如此。"

我明白这一点，但这不是你读本书的原因（否则，你会继续按昨天的方法做事）。无论你的职位和工作经历如何，作为一名直接下属或任何级别的管理者，我们大多数人都有自己的责任。你可能会想："我的经理难道不应该主动搞清楚如何才能更好地管理和教练我，而不是让我告诉他我需要什么吗？整本书都在讨论管理者如何创造出团队想要的文化，并为此负责。"遗憾的是，每个人的自我认知水平都不一样，仍然有一些管理者没有领会本书主题的重要性。

如果老板没有耐心去倾听，没有给予管理者关注和重视，更没有有效地教练他们，那么对管理者而言，他们就很难明白这样做的意义，以及作为领导者，这样做有多重要。毕竟，如果管理者不知道好的教练是什么样的，他们又怎么知道在模仿最佳教练实践时应该模仿什么呢？优秀的管理者有着与众不同的风度、沟通风格和气质。如果你有一段糟糕的教练经历，它可能会对你想成为教练的想法产生消极影响。这就是管理者没能意识到你的需求，也没有意识到给你所需的关注是多么重要的原因。所以，你可以等着，并期待着管理者能意识到你的需求以及你希望得到怎样的教练和管理，或者积极主动地发起这些重要的谈话。

如果管理者没有行动，那么你就自己来做吧。否则，你可能在整个职业生涯中都在等他们来找你。

> 你的老板没有未卜先知的能力。有时候你必须告诉他们你需要什么，因为当你不表达自己的需求时，别人是很难意识到你需要什么的。

如果你正致力于在你的团队或整个公司中创建一个教练生态系统，从而让公司中的每个人都互相教练，那么向领导、同事和下属寻求教练（包括希望如何被教练、被管理、被支持和负责）也是每位员工的责任。遗憾的是，许多人认为，以一种敞开心扉的方式请求他们的老板改变沟通和管理方式，或者向老板提供更积极、更有建设性的反馈是一项艰巨的任务。有些人甚至觉得这是一项不可能完成的任务，或者是一项将他们置于危险境地、暴露他们的缺点的任务："我的老板是不可能改变的，如果我想要保住工作，我就必须容忍这一点。"

没有人愿意因为诚实而受到惩罚，无论他们是在分享发展机会、面对个人挑战、提供一个可以帮助管理者或团队改进的观察结果，还是提出一个对所有人都有利的要求。但是，如果你可以与老板推心置腹地谈话而不是把自己置于危险境地，可以创造机会与他们一起重新对你的工作、责任和角色设定预期，探讨你喜欢以哪种方式进行沟通、合作以及被教练会如何？他们的接受度完全取决于你的方式。

> 与其做最坏的假设或者回避你认为的艰难的谈话，不如改变你的想法，把谈话的重点从一开始放在你自己需要什么，转变为你的经理和你能做些什么来支持他们。

以下是两种不同的教练轨迹，可以让你的经理了解你希望得到什么样的教练，同时确保你达到他的预期。如果这种绩效预期没有被量化，那么你就可能面临这样的风险：经理可能会不断地改变目标、改变你的职责，并在工作进行到一半时改变对你的预期——这通常会把你推向失败。

你可以在一次谈话中同时提及这两个话题，或者根据你的情况进行两次谈话。你可以调整这些模板，以符合自己的个人风格，同时保证谈话的完整性。

动员谈话轨迹 1：让你的角色与管理层的预期和优先事项保持一致

> 嗨，威廉，我对你和公司的要求是确保我所做的工作与公司的目标、优先事项和你的预期一致。虽然我对自己的角色和能力都很有信心，但我发现，留出一些时间来确保我的团队朝着你的目标和优先事项前进，

并发现我需要做的事情是很重要的，其中还包括我如何能最有力地支持你，让你的工作更得心应手。

我认为，目前我可以改进的一件事是利用我们的客户关系管理系统、计分卡和日常报告来发现教练和发展团队的机会。

现在虽然没有明显的问题，但我希望积极地预防问题的出现。因此，更好地了解你对我的预期对我会很有帮助，我将尽我所能，努力地去实现我们共同的目标。

你是否愿意与我分享一些关于我如何做得更多或做得更好的意见，使我能够最大限度地发挥我所能提供的价值，并确保我们更默契、更有效地合作？

以下是一些你在谈话时可以使用的问题：

- 除了我的工作职责，你对我有什么预期（如结果、活动、责任、截止日期和行为等）？
- 你会如何评价我或给我打分（比如在工作表现、指导、效率、合作等方面）？
- 你认为哪些发展机会能帮助我在工作中取得更大的成功？
- 在工作方面，我怎样才能助你一臂之力呢？
- 公司的首要任务有什么变化吗？考虑到我正在做的项目，我们是否要再确认一下，以确保我能按优先顺序排列它们。
- 你认为公司内部最大的改进机会在哪里？
- 我还能怎样支持你？

动员谈话轨迹 2：和经理一起建立对教练工作的预期

如果你的经理没有意向在你的团队中带头培养教练文化，你可以让他们了解你计划如何对你的团队进行教练，同时也可以利用这个机会，让他们了解你希望得到什么样的教练、管理和支持。

（老板），我真的很重视您的意见和对我的支持，我不仅很感激您对我的教练，也感到很兴奋。为了确保我们能从教练中获得有价值的结果，理解您对教练和教练方法的定义是很重要的，这样我才能确保充分利用我与您和我的团队所拥有的每一次教练机会，来帮助我们实现我们的商业目标。

我想与您一起来确定最适合我的、能够帮助我提高生产率的教练风格和管理风格，以及我计划在团队中使用的教练方法，这样我就能充分利用您的想法，确保我们都清楚可以从对方那里获得什么。您愿意与我讨论一下关于教练的具体事项吗？这样，我们才能实现这个目标。

对话方式 5：如果你不了解你的员工，那就去发掘他们的个性和动机

在分享这段教练谈话之前，我想说明一下它的重要性。这是一个真实的故事，讲述了一位销售人员拒绝了 5000 美元的奖金。

我在意大利米兰主持过一个领导力项目，当时我们讨论了管理者如何用奖金或其他物质奖励来激励员工。当管理者们分享他们如何努力寻找一种方法来持续激励团队中的每一位成员并使其表现始终如一时，他们常常会有挫败感，尤其是在面对变革或艰难时期的时候。

这些管理者都承认，他们曾为自己的团队设计过激励计划。我问他们："你们提供的这些计划或奖金是否达到了你们预期的效果？"大家一致认为，他们实施的激励计划并没有起作用。

"为什么？"我问道。

一位管理者解释说："过去，当我为团队设计奖金计划时，我会让一个季度或一个月销售业绩最好的销售人员拿到额外的奖金。"

我问："那效果如何呢？"

"你大概能猜到结果，业绩表现最好的一直是那几位。"

我向他们重申："基本上，有良好意图的管理者都会制定某种奖金发放方案，让最优秀的人获得一些奖励，通常是钱。现在，你们试想一下，在田径比赛的起跑线上，你让业绩最好的销售人员或运动员 A 站在业绩一般的销售人员或运动员 B 身边。挨着他们的是业绩不佳的销售人员或者运动员 C。然后，发令枪响了，运

动员 C 会怎么样？他们会做什么？"

一位管理者说："运动员 C 看到身旁的运动员 A 和 B 会想，'我根本不用去尝试，因为我根本就没机会！'所以，他们很快会退出比赛。"

管理者制订的激励计划反而束缚了业绩不佳的销售人员的手脚！

我说："运动员 B 看着运动员 A 和 C 会想，'我也许有机会。我要试一试做到最好'。然而，当比赛进行到某个时刻，他们看到了运动员 A 巨大的领先优势时，就像运动员 C 一样，他们也退出了比赛。那么，谁赢了呢？"

"运动员 A——那个总是遥遥领先的人。"管理者们一致点头，表示同意。很明显，对于这些有良好意图的管理者而言，他们设置的奖金是为了让运动员 A 赢，而团队的其他成员从一开始就会认为他们注定要名落孙山。问题是显而易见的。一位管理者问道："那么，我们该怎么做才能让每个人都参与进来，并受到激励呢？此外，考虑到我们公司的政策和财务状况，我们并不总是有能力为我们的团队提供额外的奖金。"

也是在这次谈话中，我想起了另一个故事。在一家金融机构，经理打算给当季度业绩优于团队其他成员的人 5000 美元奖金。

毫无疑问，经理心目中的那个业绩最好的人拔得头筹。

当这个季度结束，所有的销售统计数据得到了确认时，经理把这位获胜的销售人员叫到办公室。她递上了一张 5000 美元的支票，并说："恭喜你！这是一张 5000 美元的支票。做得好！这是你应得的。"

"谢谢。"这位销售人员平静地回答。

经理对如此冷淡的反应感到惊讶。她很疑惑，问道："我刚刚给了你一张 5000 美元的支票。我以为你会很兴奋。是不是有什么不妥之处？"

就在这时，她听到了一个出乎意料的回答，她在感到震惊的同时有了一个新想法。那位销售人员看着她的经理说："说实话，我现在想把这张支票还给您，如果您向我所在销售团队的所有人宣布我是团队中最优秀的销售人员，我会感到更有成就感、更有动力。"

她的反应完全出乎经理的意料。

有些人可能会想："她在开玩笑吗？我愿意拿到这笔钱！"然而，总有一些人会有不同的想法，他们愿意接受认可。事实上，大多数管理者都并不知道是什么激励着团队中的每个人去完成任务；相反，他们做出了以下两种假设。第一种假设是销售人员只会受到金钱的驱使，显然，上述故事驳斥了这种假设。第二种假设是"嗯，我知道是什么激励了我。所以，我敢打赌，我团队的成员也一样"。然后，管理者会想，为什么人们没有对我认为的会激励他们更努力工作，以获得更好业绩的事情做出积极的反应呢？

如何激励团队中的每一个人

管理者们费尽心力地想制订出完美的奖金计划来激励他们的员工。如果你绞尽脑汁也想不出来好的计划，那么很可能你是在闭门造车！与其尝试想出你认为的能够让员工做到最好、做得更好的计划，不如让他们自己来设计激励计划。

请记住，奖励并不总是金钱。奖励不一定都是有形的才能激发灵感和动力。所以，如果你担心有效的奖金需要某种类型的金钱补偿，就可以考虑采取其他方式来奖励人们，他们会非常感激你，并更加努力地工作。以下是一些你可以采取的方式：

- 休假；
- 早上推迟上班或下午提前下班，让他们有时间接送孩子；
- 让他们有时间打高尔夫球或和家人在一起，有更多休息时间去做他们喜欢的事情；
- 和管理者共进午餐（是的，一些员工确实想和你共度午餐时光）；
- 半天工作日（比如周五），或者允许在家远程办公；
- 私下或当众表扬（不要假设他们喜欢什么或者什么会让他们感到不舒服，问问他们喜欢如何被表扬）；
- 奖励他们一个新的或特定的客户；
- 为他们提供某种类型的客户来管理；
- 给他们更多的时间来规划自己的职业生涯、打造个人形象；

> - 赋予他们更多的责任（例如提升为团队领导或请他们主持会议等）；
> - 在一段时间内提供额外的行政支持；
> - 向其发放公司的 T 恤、夹克或帽子。

请注意，以上这些奖励措施大多数都不用你花一分钱。最终，你会发现，员工最想要的不一定是金钱奖励。评估他们想要什么（而不是你认为他们想要什么）的唯一方法就是花时间和每个人坐下来，就激励他们每天都来上班的原因进行一对一的谈话。

花点时间去发现什么能让员工感到充实和满足，以及什么能促使他们走得更远，这样做能够帮助他们有更好的表现，尤其是当他们知道自己最想要的东西正在终点等着他们的时候。

与其苦思冥想，还不如改变固有的思维——去问问你的团队成员，什么将激励他们走出他们的舒适区，取得更多的成就？

我要分享的问题也有助于在你设定了教练工作的预期和具体内容后进行后续的教练课程。记住，你需要动员员工参与这种谈话，让他们对你正在做什么、怎么做和为什么做设定预期，这样他们才能清楚这对他们有什么好处。

你可以通过以下谈话发现员工的动机、驱动力和个人目标。

我希望你能感受到，作为你的经理，我能够通过调整你的个人目标和工作目标来帮助你成功。为了更好地理解如何才能做到这一点，我想更多地了解你，比如你认为在你的工作中什么是最重要的，以及我如何才能更好地支持和管理你，使你觉得有价值。你现在愿意和我一起探讨这个问题吗？

当你得到肯定的回答后，你可以使用以下这些问题来展开谈话。

- 从现在开始的六个月后，你想达到什么目标？一年后呢？两年后呢？
- 在你的职业生涯中，什么对你最重要？
- 你每天来上班的动力是什么？

- 你在工作中最喜欢的是什么？
- 你喜欢工作／职位的哪些方面？
- 每天工作结束的时候，什么能让你有成就感？
- 你心目中完美的一天是什么样子？
- 如果不用工作，你会用你的时间做什么？
- 如果可以，你想改变工作的哪些方面？
- 什么会让你的工作更有吸引力、更有成就感？
- 你希望自己的工作得到怎样的奖励／表扬？
- 你想在短期和长期分别实现什么目标？

你可以使用以下问题建立问责制，找到有助于他们实现目标的方法。

- 你的行动计划是什么？你会如何将它们分解并安排到你的日常生活和活动中呢？
- 在实现这些目标的过程中，你有什么顾虑或者需要注意的问题？
- 我怎样才能最有效地支持你实现这些目标（你希望别人如何管理你）？
- 什么样的奖励或激励会驱使你取得更大的成就？
- 我怎样才能以一种更具支持性的方式让你承担起责任，并且成为你负责任的合作伙伴？
- 如果你没有履行你的承诺，我们应该怎么办？有什么好的解决方案吗？

对话方式 6：确定他们的优先事项和价值观

请记住，这种谈话方式是对第五种谈话方式的补充，可以在同一次会面时进行。虽然我刚才分享的那些问题会引发一次发人深省的谈话，但事实是，大多数人从来没有被问到过这些问题，所以他们或许不会立刻给出答案。有一个工具（如图 8-1 所示）可以确保这些谈话确实是能够激励他们的。但是，你必须先要动员他们。

我希望你和我们团队中的每个人都能感觉到，你每天所做的工作都与你生活中最重要的事情是一致的，这样也会有利于实现你的个人目标。我发现这个工具有助于发现人们的个人动机。它是一份包含了 50 个项目的清单，这些项目可以在工作中激励我们，让我们从工作中获得更多的成就感，实现我们最重视的个人目标和价值。

当我完成这项练习时，我发现它非常有用，我认为它也值得你去做。回顾一下这张图（图8-1），圈出你认为最重要的五项。然后，我们可以安排时间来一起研究它，如果你愿意，我很乐意分享我的结果。当你所做的工作与你的价值观和优先事项一致时，你的职业就成了你得到你最想要的东西的工具。我也可以更好地支持你实现自己的目标。那么，你觉得安排时间一起回顾一下怎么样？

练习：使用图8-1确定你最重视的五个项目。

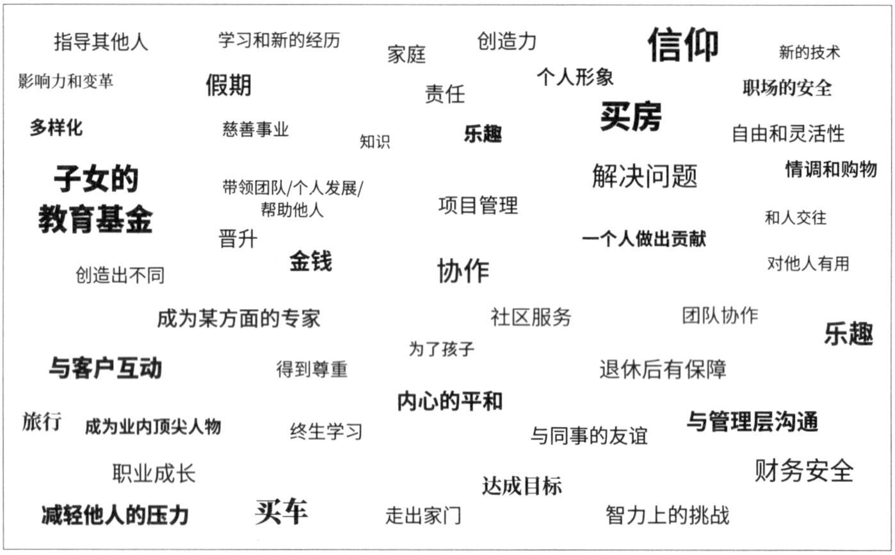

图8-1　你最重视的五个项目

对话方式7：练习讨论动机

现在，我们来说说后续的会面。你会用什么问题来引导他们的汇报？你如何将会面变成教练式谈话？

一旦他们完成了练习，你可以在后续会面中使用以下问题来进一步了解你的员工以及他们的价值观和动机。

- 在确定你的优先事项和价值观的过程中，你对自己有什么新的了解？
- 这个练习在哪些方面对你有价值？
- 如果请你将这些事项按优先级排序，会是什么样的结果？
- 你离践行这些价值观、尊重或关注这些优先事项还有多远？
- 为了完成对你而言最重要的事情，你必须做 / 改变些什么？
- 这些事情与你当前的工作、目标和商业目标相一致吗？
- 如果你没能完成这些事情，你的代价或者对你产生的影响是什么？
- 如果你能够完成这些事情，并且坚持了你的核心价值观，这会对你、你的业绩、你的态度和你的生活产生什么影响？
- 我怎样才能最有效地支持你，来得到这些对你而言最重要的东西？
- 我如何教练你，并成为你可信赖的伙伴？

　　既然你已经确定了他们的核心价值观、优先事项和动机，那就在每次动员谈话中加入他们最看重的元素。你可以使用类似"我希望你实现……"这样的陈述。这句话对每个人而言都很个性化和具体，能反映出对他们来说什么是最重要的。

一个微妙的区别

　　当我激励人们去思考他们能做些什么的时候，我感受到了他们的快乐和满足。当我和销售经理交谈时，他们会告诉我他们管理着一个销售团队，可事实是，他们管理着一个恰巧拥有相同头衔、工作职能和职责的团队。这里有一个微妙却重要的区别：一方面，它使管理者按照自己的理念进行教练并形成一致性；另一方面，管理者需要通过关注每个人是谁，而不仅仅是表格中的数字来形成对每个人的印象。也许这就是管理者刻意回避某些谈话的原因，仅仅是因为他们不知道如何进行教练。正如你所知，我一直站在你背后。让我在第 9 章中告诉你应该如何做。

Sales Leadership
The Essential Leadership Framework to Coach Sales Champions, Inspire Excellence, and Exceed Your Business Goals

09

教练轨迹：逆袭成功的教练

你有没有发现自己容易与同事或客户发生争执？你是否因为他们妨碍你完成工作而感到压力很大和沮丧？你会拒绝那些所谓的"艰难的谈话"吗？这些问题会使个人成长、生产效率和收入停滞不前。如果只需要一次谈话就能修复和重塑这些不良的关系或紧张的情况，那么我们就没有必要去忍受它们了。

以下是五种教练式谈话，可以应对过去被认为不可解决的常见情况，它会让每一位管理者的工作更轻松、更愉快。通过提高协作和绩效，减少冲突和矛盾，你可以让每个人都愿意与你共事。

第一种教练式谈话：消除部门之间和人们之间的隔阂

想象一下，如果你公司中的每个人都可以无条件地互相支持，并且重视发展彼此间健康、和谐的关系会怎样？在团队中工作是一回事，而销售部门也需要与其他部门紧密配合，无论是运营、财务、工程、IT、人力资源部门，还是客户支持部门。人们经常会忽视这样一个事实：朝着一个共同的愿景努力会实现多方共赢。

隔阂和明争暗斗会阻碍统一的协作，会影响员工专注于公司整体愿景、价值观和共同目标，那么造成这种情况的根本原因是什么呢？

形成部门"竖井"的原因和如何创建一致性

答案很简单。每个人都有自己的日程安排，员工可能不重视其他人的角色和目标。

以下的场景很常见：销售人员需要内部资源来达成交易或为客户服务，典型的做法是联系那些能够帮助他们的人。然而，他们通常只会关注自己在那一刻需要什么，而不是能给予什么。而且，他们没有考虑到他们的请求不是你每天收到的唯一请求。这就好像他们只是坐在那里等你的电话，以便能立即做出回应。

这会给每一段关系带来紧张和压力。部门"竖井"严重妨碍了合作，导致了分歧（甚至是对他人的恶意中伤），使人们无法实现自己的目标。具有讽刺意味的是，每个人都专注于同一个目标，即为同事和外部客户提供深度服务。

打破这些"竖井"以促进双赢合作，而不是与其他部门竞争的解决方案非常简单，即采用简单的动员谈话。你可以使用以下方法开始这个过程。

简，你什么时候有时间？我们来讨论一下如何改善我们的关系，让我能更好地支持你的工作，这样我们就可以在重视你的优先事项和日程的同时，为我们共同的目标进行合作。

一旦得到了肯定回答，你就可以使用以下的教练轨迹了。

我想让你觉得我是一个值得信赖的人，能够支持你实现目标。由于我们服务于不同的部门，所以有不同的考核标准、计分卡和关键业绩指标。我知道，当我们在协作完成工作时并不总是有一致的观点。我们都有不同的优先事项和观点，我可能并没有经常给予你应有的关注或尊重。所以，我请求你的原谅。

这就是我希望重启我们的关系，并且在你的协助下，重新规划（我们的部门／我们）如何互动和一起工作的原因。这样我们就可以互相支持，实现我们共同的目标。

我知道，可能有些事情造成了我们以及我们的（部门／角色）之间的不和谐气氛。所以，我要更好地了解你们的职责、面临的挑战、考核方式和业务目标，这样，我就可以更好地支持你，同时通过我们的共同努力来实现我们共同的目标。

所以，让我们一起重新调整我们的关系，找到最佳的合作方式和最有效的沟通方式，特别是在面对突然出现的挑战时。

设定这些明确的预期将既有利于每个人实现自己的目标，也有利于实现公司共同的目标和愿景。

你是否愿意探讨如何消除（我们／我们部门之间的）这些障碍？这样，我们就可以通过合作而不是彼此竞争来取得更大的成就。

太棒了！首先，我可以问一些关于你职责的问题吗？你也可以问我同样的问题。

通过 26 个问题重建一致性和支持关系

一旦你开启了这次对话，下面这些问题就将有助于你实现目标。不用问所有的问题，你可以选择你认为最有用的那些。

1. 我想更多地了解你的职责。你介意分享一下你的工作职责说明书吗？这样我会更尊重你的职责。

2. 你是如何被考评的？通过哪些指标？

3. 你是否有自己的计分卡和设定好的关键绩效指标？

4. 你能告诉我公司和经理对你的预期是什么吗？

5. 在你的职责／我们合作的工作中，哪个部分对你而言是最困难的／压力最大的／令人沮丧的？

6. 你认为是什么在起作用？

7. 在你看来，我们需要解决的问题是什么？

8. 对于我提出的即时、及时的要求，你最关注的是什么？

9. 理想情况下，如果我们能重新设定我们一起工作的方式，那会是什么样的（或我们需要做些什么才能最有效地合作）？

10. 你喜欢怎样合作？

11. 你对五星级客户服务的预期或定义是什么？

12. 你处理客户问题的方法是什么？

13. 如果我需要你的帮助，你会何时回应我？希望你如实相告，这样我就可以避免给你更大的压力。

14. 你通常喜欢怎样交流（比如面对面、电话、即时消息、文本和电子邮件等）？

15. 如果有挑战需要处理 / 解决，我们最好的解决方法是什么？你希望我如何与你相处，以便我们能以最有成效的方式一起工作？

16. 当我需要帮助，而我无法联系上你时，在不越过你的情况下，你还希望我联系谁？

17. 如果我们在某件事上意见不一致，什么方法最适合我们来达成共识或者找到解决方案？

18. 我怎样做才能最好地支持你的工作？

19. 关于你，我还需要了解什么？哪些方面是我需要注意的，并且能够改善我们的关系？

20. 你对我们每周安排一次会面，以确保我们在方法和目标上保持一致，从而避免潜在的问题的做法有什么看法？

21. 我能做些什么才能保持我们之间良好的关系？

22. 什么会破坏我们的关系？

23. 如果我们都以一种相互支持的方式让对方对承诺负责，那会是什么样子？

24. 如果我们注意到自己没有履行承诺或者做出了有害行为，我们应该如何在不冒犯对方的前提下进行沟通呢？提出这个问题的好方法是什么？

25. 在这一点上，你有什么顾虑（如果有）？

26. 我们可以采取什么策略来确保我们实现目标？

简，我感谢你愿意花时间来制订一个计划，使我们能够成功地作为一个团队在一起工作，并保持良好的关系。我会给你发送一封电子邮件，总结我们讨论的内容，以确保我们达成共识，并确定下一步的工作。在我们结束谈话之前，你还想讨论什么吗？

停止抱怨，修复关系——双赢由你发起

下一步就看你的了。当你首先关注帮助别人时，他们也会愿意帮助你，这就是互惠定律。但是要知道，任何你想要得到回报的活动、沟通、合作或行为上的改变都是从你开始的。这包括信任、可协作性、尊重、观察、接受反馈、透明度、支持、积极性、责任感和职业道德等。

这是你被人们记住的方式，也是树立一个受人尊敬的个人形象的有效途径。毕竟，当你改变了谈话内容，你就改变了结果，这会让每个人的工作都更轻松、更愉快。

第二种教练式谈话：接手现有团队

如果你是一个新组建团队的经理，遵循我在本书中分享的这些策略将确保你可以创建一支冠军团队。

但是，如果你是从前任经理那里接手了一个团队，那么会发生什么呢？以下是针对两种不同情况的两条教练轨迹，用以设定和重置你对新团队的预期。

我想让你觉得你有一位可以信任的经理，他会一直支持你，帮助你实现目标。当我们制定了积极进取的商业目标，我们公司内部和员工的角色都发生了很多变化。如果我们不能很好地适应这种变化，就会产生不确定性，这会使我们分心，偏离我们对目标的关注。当一位新老板接替我老板的职位时，我也曾经有过这种感觉。

作为你的新经理，我并不了解你和前任经理有什么样的关系或经历，我也不会妄加揣测你希望接受何种管理方式、你对我和我的角色的看法，以及希望我如何支持和教练你。

我最想了解的是如何才能成为最好的经理，解决你的担忧，并确保我们团结一致，共同实现我们的目标。我们有机会从一开始就建立一种

相互支持的积极关系。

　　同时，我也很想了解你们是如何做事的，以及你们用来获得成果的最佳实践，这样我就可以从你们身上学到更多的东西，就像你们从我身上学到的一样。不管你和前任经理有什么经历，你是否愿意重新设定我们的关系，让我们的预期变得更清晰，让我们能够以积极的方式相互支持，从而获得更大的成功？

现在开始教练！

我们在第 7 章中已经讨论过这个问题，你一定还记得：一旦你让某人加入了你想和他进行的谈话，就要把精力和注意力集中到教练他上。

可以了解人们的观点和他们希望如何被管理的问题

- 我们能否先从介绍我们自己、我们目前的角色以及我们希望如何与其他人合作开始（比如你如何定义你的角色？你如何定义我的角色）？

- 你对我有多少了解？关于我，你还想知道什么？

- 你以前是如何被管理的？

- 你如何描述你前任老板的管理风格？

- 你多久与你的经理见一次面，并进行一对一的教练课程？

- 你认为你的经理为你提供的最有价值的支持是什么（或者至少有价值的支持是什么）？

- 他们的方法与你乐于接受的管理方式是否一致？

- 如果有，你对我有什么预期？如何才能让你认为我可以成为最适合你的经理？

- 对我们而言，一起工作（沟通、处理问题等）的最佳方式是什么？

- 在你与你的前任经理讨论过的其他目标或者在你的工作职责之外做出的承诺中，有什么是需要我注意的（比如职业晋升、未能履行承诺的后果和薪酬等）？

- 如果有，你希望我在领导方式上做出什么改变，使之与你希望的管理方式相一致（比如有效且持续的教练、观察、团队会议、团队协作和激励计划等）？

这里有两个很有价值的练习，值得你的新团队尝试。首先，请他们写出理想的工作描述。然后，与他们会面，将这些工作描述与他们目前的工作描述进行比较，看看两者是否一致，同时找出对他们而言最重要的是什么。既然你不是从零开始组建这个团队，那么你就有责任去弄清楚是什么激励了他们。你可以使用我们在第 8 章中讨论过的激励练习。

从这里开始，你可以把注意力集中在更有策略的、与工作相关的问题上。以下是几个例子。

- 你能详细介绍一下如何更好地管理你的账户和客户预期的流程吗？

- 你如何描述团队的动态、气氛或运作状况？

- 为了实现我们的商业目标，你有什么想法可以改进运营、策略和合作（你认为需要改进 / 创建哪些系统）？

- 如果有，你曾经面临过哪些挑战？到目前为止，你是如何应对这些挑战的？

- 你和你的团队现在有什么进展？

- 你面临的最大挑战是什么（你如何被管理？如何与你的同事和客户合作？如何开拓市场？如何销售？如何与其他部门或团队合作？如何管理时间？如何完成你的关键绩效指标和计分卡？如何为你的客户服务）？

- 什么系统对你的工作效率最有效？你如何与团队合作？你是如何协调各个部门之间的工作，来帮助你完成工作的？

- 你希望如何合作（被管理、被指导、被激励等）来不断加强我们的关系？（更详细的策略见第 8 章。）

第三种教练式谈话：从同事到领导的角色转换

为了避免冗余，在你接手现有团队时用于设定预期的教练轨迹与当你从他们的同事转换成他们的老板时用于设定预期的教练轨迹实际上是相同的，只需做出一个小小的调整。我只调整了这种教练轨迹的前两句话，因为模板的其余部分可以通用。你可以使用这种教练轨迹，让你的团队为你的角色转换做好准备。

我想让你觉得你有一位可以信任的经理，他会一直支持你，帮助你实现目标。也许，你会对这个变化感到兴奋，也可能感觉有点尴尬，因为昨天我们还是同事，今天我就成了你的老板。这对我来说也是一个很大的调整！当我们制定了积极进取的商业目标，我们公司内部和员工的角色都发生了很多变化……

现在，只需按照前文"接手现有团队"一节中模板的其余部分和提问进行即可。

第四种教练式谈话：为表现稍逊一筹的员工制定 30 天转变策略

在《王牌销售团队：送给销售经理和公司高管的实战手册》一书的第 12 章中，我第一次提出了这种策略，帮助那些表现不佳的销售人员在 30 天或更短的时间内实现转变，或者收集证明他们不适合销售工作的证据。该策略的目的是避免公司将员工的不佳表现记录在案、向他们提出警告，或涉及人力资源合规问题，并将他们列入绩效改进计划（performance improvement plan，PIP）。我将这个缩略词重新命名，以便更准确地反映该策略的真正含义：

- P.O.P.——全盘托出计划；
- R.I.P.——顺其自然计划。

我这样做的原因是，当员工被纳入 PIP 时，他们和大多数管理者都已经放弃努力了，走这一步符合人力资源规定的流程只是为了避免可能产生的诉讼。

从统计数据上看，PIP 尽管是有效的，但成功率低于保守的 20%，尤其是如果你考虑到这些员工中有很大一部分在完成 PIP 后最终会提出离职或被解雇。他们会采取自我放弃、破罐破摔的态度，因为恐惧驱动的管理策略的效果总是短暂的，这就是我提出这个策略的原因。让我们先来回顾一下我们可以对业绩不佳的员工进行的动员谈话和 30 天转变策略的特点。

30 天转变策略：动员谈话

我想让你在职业生涯中获得你想要的成功，甚至有所超越。我将全力支持你，并给予你所需要的帮助。然而，更重要的是你对自己成功的承诺。这就是我的建议。让我们看看你承诺要做什么，设定一些可衡量的指标、要提高的技能和要获得的结果，并制订一个计划来改变你的表现。

四周后，我们将评估进展，并根据我们的发现来确定最适合你的行动方案，不管这意味着你是留在现在的岗位上，还是在公司内找到一个更适合你的新职位，或者优雅地离开你的职位。所以，在接下来的四周内，你将能最终确定这个职位是否适合你。

所以，如果你真的非常希望获得成功，你觉得这个计划怎么样？你愿意执行这个策略吗？

这时，你将听到以下常见的回答中的一种：

● 一定会的！感谢你的支持！

● 算了吧，四周后我就被列入 PIP 了？（他们自己选择了退出。）

● 不管怎样，这都像是 PIP，对吗？

第一种和第二种回答都很好！他们选择了参与或者退出。如果你听到了第三种回答，就要明确他们的想法。

我希望你不会被列入 PIP。

或者：

我不希望你因为被列入 PIP 而感到不堪重负或压力大，这正是我们的目标之一——避免你被列入 PIP。

30 天转变策略要实现的五个核心目标

在使用这个策略时，你需要将以下一些目标牢记于心。

1. 与其重新定位 PIP（根深蒂固的负面影响），不如引入新的转变策略作为积极的解决方案。

2. 目的是收集活动、质量、态度、自我意识和结果等方面发生变化的证据。这给了你确定性，而不是被他们的潜力所迷惑。

3. 当事人可以自己做出参与或退出的选择。他们在任何时候都可以选择参与或退出。履行自己的承诺最终是他们的决定。

4. 你已经成功地表明了自己的立场，在你的团队中建立并巩固了你想要的积极的氛围和信任的文化。请记住，每个人都在看着你。

5. 这个项目必须被定位为一个系统的、为期四周的强化教练项目。不要将其制度化，或使其成为一种人力资源合规政策。这个策略的目的是反映出教练工作一直在进行，但是有更一致的节奏。永远不要用这个策略来应付员工，除非事先达成一致（比如，如果业绩下滑或者没有达到承诺的目标，这将成为一个人力资源问题）。把这个选择权完全留给他们。否则，你可以称其为 PIP，而不是避免 PIP 的教练策略。

我重述这种策略的主要目的是为了让你准备好如何利用它来帮助你的员工。

第五种教练式谈话：成功加速计划

自从我出版了《王牌销售团队：送给销售经理和公司高管的实战手册》一书后，我听到无数管理者告诉我 30 天转变策略在多大程度上消除了他们与表现不佳的员工打交道时的压力，节省了他们的时间和金钱，并保持了团队文化的一致性。

但是，那些能够取得更大成功的表现优秀和表现不佳的员工该怎么办呢？那些需要调整态度的优秀员工呢？你是继续用以往的方式教练他们，还是有什么新的策略？

这是一个重塑转变策略，并将其转变成 30 天成功加速计划的时机。我要介绍的是一个加速的四周教练策略，可以用来教练表现优秀和表现不佳的员工取得更大的成功。就像马拉松训练一样，你会希望你的教练挑战你的极限。以下是一个如何定位这种计划的例子。

我希望你能实现自己的目标，并且在工作中获得满足感。尽管业绩预期和我们的个人指标在不断提高，但是我们仍有发展业务的大好机会。在你实现你的目标方面，我将尽我所能地支持你。

事实上，你做得很棒。你是一位优秀的团队成员，有积极的工作态度和良好的个人口碑。

现在，请你考虑一点：如果所有职业运动员都停止训练，不再尝试提高自己会怎样？你认为他们还能参加职业比赛吗？这对团队有什么影响？每位运动员都想展示他们引以为豪的个人形象。这就是运动员每天都要训练，以取得比他们想象中更大的成就的原因。这是令人兴奋的目标！

我是这样想的：我们可以拿出一些时间来专注于你想要实现的目标，一起制订一个计划来缩短实现目标的时间，你看怎么样？你希望我在这方面如何支持你？

我们将在四周的时间里每周开一次会，以确定挑战和取得更多成就的机会。我们将共同确保你做的是你最喜欢的事情，最大限度地利用每一个机会，为你的下一个角色做准备。

你对讨论这个问题，看看你是否能从中受益有什么看法？

动员谈话最好面对面进行，视频会议或电话也是有效的。如果你选择面对面谈话，可以选择在工作场所之外进行，在那里，人们往往会更舒服、更放松，也会与你分享更多的内容。

这种成功加速（教练）计划将提高你的团队和每位团队成员的生产力。你也可以将其命名为成功加速器或成功加速计划。虽然你可以与团队一起解决许多核心问题（通常是基于绩效、活动或技能的），但是人们总有一些限制性的想法和理念，这会成为他们通往成功的障碍。你是否擅长教练销售冠军的内心世界？

Sales Leadership

The Essential Leadership Framework to Coach Sales Champions, Inspire Excellence, and Exceed Your Business Goals

正面教练：教练冠军的内心世界

了解世界各地的文化与宗教令我着迷，也让我更加尊重我的核心价值观——尊重个性，建立更深层、更真实的人际关系。

　　我接触过许多文化。我必须承认，在环游世界之前，我也有很多对文化的设想。这正是我们要探讨的话题。换句话说，如何从你的生活中识别和消除代价高的假设。

　　我记得在莫斯科与辉瑞（Pfizer）公司合作时，一位经理分享了她拜访英国客户时的经历。客户表示想立即讨论某个问题（table this discussion）。如果你来自美国、俄罗斯或其他许多国家，table this discussion 的意思是将讨论推迟到另一个时间；然而在英国，table this discussion 的意思是立刻就讨论。可以想象这位经理当时的困惑。

　　假设不仅会发生在跨地域或跨文化背景中，而且会发生在我们自己的国家、公司、团队和家庭中，甚至每一次谈话中，尤其在教练过程中。

沟通中的假设

　　当你使用 L.E.A.D.S. 教练框架中的问题时，你可能会注意到，在教练过程中，假设无所不在，而且它往往是造成诸多挑战、沟通不畅、人际关系受损以及影响销售和人们追求目标的根本原因。事实上，假设在我们的日常思维中根深蒂固，以至于我们可能认不出它们，因为我们所看到的只要没有受到质疑，都可能是伪装成事实的假设，而我们相信它们是真的。

　　我不会假设你和我对"假设"有相同的定义，我对它的定义是："假设是你认为的真实的事物，通常是基于过去的经历，并被投射为对未来的预期，没有事实支持。"按照这种思路，假设会不断地出现在我们的沟通中，无论是口头的、书面的，还是我们的肢体语言。

这是一个如此普遍的问题，以至于我们没有意识到假设在我们的思维方式、沟通以及与他人交往和决策的过程中是多么地根深蒂固。为了在教练和沟通时避免它的不良影响，我找到了几种揭示假设的方法，这些假设可能会改变谈话的进程、教练的价值和所做出的决策。最终，假设将是成功的教练式谈话和无效谈话之间的决定性因素。

事实还是虚构？请留意这些触发假设的词语

多年来，我注意到管理者们很难识别什么是假设。你需要注意某些触发词，以评估员工所分享的内容是事实还是假设。以下是 33 个可以帮助你区分事实和虚构的表示假设的词语和句式，值得你特别注意。

- 他们 / 我暗示……
- 他们 / 我推断……
- 他们 / 我假定……
- 他们 / 我假设……
- 他们 / 我认为……
- 他们 / 我猜测……
- 他们 / 我想象……
- 他们 / 我感觉……
- 他们 / 我坚信……
- 他们 / 我可能会……
- 他们一定会……
- 他们 / 我总是……
- 他们知道我……
- 就我所见……
- 问问别人……
- 根据我的经验……
- 如果你上网看看……
- 我发现……
- 在这种经济 / 市场环境下，很难做到……
- 我认为……
- 他们 / 我从来没有……
- 考虑……的情况……
- 他们 / 我理所当然地认为……
- 基于之前发生的事……
- 自从我认识他们以来……
- 客户唯一想要的是……
- 我了解他们，也知道他们想要什么……
- 考虑到过去发生的……
- 因为所有客户都想要……
- 他们 / 我 / 某种情况暗示……
- 他们的电子邮件建议 / 这听起来像……
- 我和他们一起工作很久了，所以……
- 上次我处理类似的情况时，这种方法很有效，所以……

一旦你格外关注假设，你就会发现你和所有人在每次谈话中都做出了多少假设、有多少教练时刻被错过，以及有多少假设会成为谈话中的重要部分。这样，这些假设就能够被识别出来并加以解决。

> 把你的思维从假设中解放出来。

对胜利者的教练

销售人员刚刚完成了一笔大买卖。他们很兴奋，迫不及待地想和经理分享胜利的喜悦。当他们这样做时，经理的第一个反应通常是："干得好！但是本季度还有哪些没有完成的交易呢？让我们来看看。"

虽然经理的意图可能是激励下属，但这时对任何经理而言都是一个重要的机会。在刚才那种情况下，那位经理错过了一个很好的教练机会来进一步培养人才，强化最佳实践和策略，使他的团队更加成功。

这是作为首席问题解决者的职业风险。如果管理者总是关注问题和没有效果之处，那么你的员工如何认识到他们所做的事情是有效的呢？这会影响团队的士气和专注力。如果你总是关注消极的方面、哪里出了问题、哪里需要改变、哪里还不够好，那么就想想你为你的团队树立了什么榜样。

因此，你认为你的员工在与你、他们的同事和客户交谈时，首先应该重点关注什么？是解决方案还是存在的问题？更大的代价是，你错失了一个影响文化和环境的机会。

把你的提问转移到正确的事情上

你希望你的直接下属不断地实践积极的行为，唯一的方法就是让他们看到成功的前景。

当你指导那些胜利者的时候，你可以在谈话中选择使用以下八个问题。

- 祝贺你刚完成了那笔生意。这非常了不起。在我们讨论下一个话题之前，我希望能多了解一些情况。你能告诉我，当你第一次和那个潜在客户谈话或会面时发生了什么吗？

- 你提到他们在开始时是极力反对的，你是如何说服他们的？这次你做了什么不同的事情？

- 你做的最让你感到自豪的事情是什么？

- 当客户说他们对目前的供应商很满意，并没有兴趣和你交谈时，你是如何回应的？

- 你问了哪些你以前可能没有问过的问题？

- 你当时的想法和心态如何？

- 有哪些对话、问题和活动等可以运用到以后的销售过程中，以确保你在每次与客户沟通时都能使用，从而获得你想要的结果？

- 你是如何评价自己的出色表现的？

要想打造一支优秀的销售团队，你就需要强化你希望他们做出的行为，转变你的视角，关注他们做对了什么，而不是做错了什么。你所认为的错误可能只是获得相同或更好结果的另一种方法。暂且抛开对错，只关注能够创造教练时刻、成就销售冠军的学习机会。

如果你总是关注员工做得不好的事情，那么你什么时候会花时间去强化他们做得好的事情呢？在你每一次与下属的谈话和互动中，你要么在建立他们的信任和信心，要么在侵蚀他们的信任和信心，选择权在你。

注意措辞：距离正确的教练可能只差一个词

你是否曾经听到有人这样告诉你："我试着联系过客户，但是他们没有回应。""我和他们谈过了，但是他们不感兴趣。""联系"对你而言意味着什么？"谈过"又是什么意思？它是否意味着通过电话、手机、面对面的办公室访问、社交媒体、短信、即时消息与某人交流？甚至一位销售人员曾告诉我，他们是通过 Xbox 游戏机与潜在客户联系的！

这些都是非常具体的例子，能够说明假设如何掩盖了我们在共同的基础上有效地达成共识和沟通的能力，使我们失去了与他人沟通和进行教练的机会。

管理是让人们专注于共同的愿景，在提供指引、教练、方向、自主权和支持的同时，培养未来的领导者。要实现这个目标，就需要在整个组织内进行有效而巧妙的沟通，以建立清晰的理解和认同。用来实现每位管理者首要目标的领导语言是教练，也包括动员。这两种语言都需要学习，就像其他语言一样，无论是西班牙语、意大利语、希伯来语还是阿拉伯语。

> 我们讲同一种语言并不意味着我们可以正确地传递信息。弄清楚人们是如何定义某些词语的，以确保你们说的是同一种"语言"，这样可能会发现更多的教练时刻。
>
> 挑战沟通中的假设就是要掌握措辞方法，字斟句酌。

在教练客户时，我花了很大一部分时间来帮助管理者来完善他们在与团队、同事和客户沟通的过程中传递信息的方式。无论是通过电子邮件、短信、即时消息、电话、面对面的交谈，还是组织团队会议，管理者都必须意识到，他们使用的每一个词都必须经过谨慎的选择。否则，他们传递的可能是容易被误解的信息，导致人们做出负面反应，并由此产生不信任、假设、紧张的关系和沟通障碍。这就是措辞的重要性所在，要确保人们理解自己所使用的词语的含义。

当你阅读以下故事时请注意，如果没有理解关键词语和短语的含义将导致更多的问题，引起更多不必要的麻烦，而倾听、深入理解某些词语背后的含义将可以创造一个突破性的教练时刻。

在我们于柏林举行的首次现场教练课程上，汉斯提供了他对其团队的评估结果，其中提及了他们的绩效，以及他在培养团队和发现需要改进之处时所使用的方法。由于汉斯与他的管理团队和销售团队是远程工作，所以他的教练工作都是通过电话完成的。

"我和两个一线销售经理在一起工作，"汉斯说，"我的团队里有很多员工。有一位新晋升的经理表现不错。我还有很多工作要做，才能使他跟上团队的进度。像许多刚进入管理层的销售人员一样，因为担心手下的销售人员会搞砸销售或者在客户关系上犯错，这位新经理一直尝试不去做他们的工作。"

汉斯继续介绍他团队的情况，他说："与我共事的另一位经理是斯文，他是一位已经在公司工作了 18 年的资深管理者。我最近才接手了他的团队，所以我仍然在考虑如何发挥他们最大的价值。从我与斯文的谈话来看，很明显，他有自己的做事方式，并且完成了他的目标，成绩斐然。然而我知道，如果他在思想和方法上更有战略性，他就会更成功。"

我对"战略"有自己的定义，但我不确定我的定义是否与汉斯的一致。由于我不想做出任何可能破坏我们谈话的假设，所以我问道："汉斯，你说希望斯文更有战略性是什么意思？"

汉斯解释道："我的意思是，如果斯文有一份书面的战略以及关于如何有效地管理直接下属、与客户合作、管理他的团队的标准流程，这将帮助他专注于需要做什么，而不是临时决定需要做什么。"

有些人可以不依赖自己的力量而成功。这需要由教练来评估这是否为一个反常现象，或者他们是否真的具备能在关键时刻表现出冠军风范的技能。这时，一个人的性格、勇气、技能、正直、态度和毅力的真正本质就会显现出来。

汉斯接着说："令人沮丧的是，尽管他现在很成功，但他没有看到长期战略的价值。我厌倦了每周都进行同样的谈话。我承认他完成了计分卡上的大部分关键绩效指标，但我告诉他，一个更明确的战略会使他的工作更有效率、更有效果、更容易成功。可他通常的回答是，'我不想微观管理我的团队。'"

"好吧，让我们来探究一下为什么他会如此抗拒制定战略，"我说，"你如何定义'战略'这个词？"

汉斯回答说："这是一个可执行的计划。你需要有目标、明确的方法、明确的步骤，以及为了实现它所需要完成的活动和任务。"

"你问过斯文他是如何定义'战略'这个词的吗？"

"事实上，我没有。"

"你对我说过，当你让斯文具有战略性时，他说不想微观管理团队，"

我停了下来，"当他告诉你他不想微观管理团队时，他是什么意思？"

汉斯想了一会儿，然后回答说："也许他并不想每时每刻都盯着销售人员，质疑他们做的每一件事，插手他们的每一个决定或账目。他想给他们工作的自主权。"

"这听起来像是你对微观管理的定义。"我说。

"是这样的。"

我接着问："他的定义和你的一样吗？"

"我不确定。"

"他对'战略'的定义是什么？"我接着说，"当你要求他更具战略性时，你确定你们两人都认同这个定义？"

"我只是假设。如果你做过管理者，你最好了解微观管理与成为战略思考者之间的区别。听起来，我似乎做了个愚蠢的假设。我认为，他可能错误理解了战略的定义，正在从微观方面管理团队。由于我从来没有问过，我只是假设我们的观点是一致的。考虑到目前我面对的情况，这可能有些不妥。"

"还有呢？"我问道。

"听起来，我需要与斯文再进行一次谈话。我需要留意他使用的词语，以确保我们对词语的定义一致。"

我问："如果你不进行这样的谈话会有什么影响？"

"会产生更多耗时的问题、谈话、误解和冲突。"

"那么，下次你和斯文的谈话会如何进行？"

汉斯说："首先，我需要动员他参与这次谈话。"

"你会怎么说？"

"可能类似'斯文，我回想了我们上次的谈话，我应该向你道歉。在我们的谈话过程中，我没有花时间来解释'更具战略性'是什么意思，也没问过你对微观管理的看法是什么，我认为这就是存在问题之处。我希望你接受我的道歉，这样我们可以重新开始谈话，找到更好的解决方案。你同意吗？'"

"做得好！"我告诉他，"你的动员是正确的，遵循了正确的模式！你什么时候有机会和斯文进行这样的谈话？"

"我会发邮件与斯文确定时间，说明目的，这样我们可以更好地了解彼此，就战略意味着什么给出一致的定义，制定行动方针，确定一些想问的问题，以避免这种情况再次发生。"

"你有什么想法？"我问道。

"我可以从这些问题开始：

（1）当我建议你要更有战略性时，你是如何理解的？

（2）你对'战略'和'微观管理'的定义分别是什么？

（3）我可以和你分享我的定义吗？看看我们是否一致。

（4）当我们使用'战略'和'微观管理'这样的词语时，我想知道哪些地方会引起误解，以及我们需要做什么来创建更多的一致性和共同的定义。这样，当我们谈论这些事情或者其他话题时就不会产生混淆，我们就可以更有效、更成功地合作。你认为呢？"

"你做了一次很棒的自我教练！"我说，"我什么时候能收到一份简要回顾我们谈话内容以及你和斯文谈话内容的电子邮件？"

"周末之前如何？以确保我们有时间安排谈话。"

"那太好了！你觉得我们的谈话进行得怎么样？"

"很有启发性！"汉斯兴奋地说，"谢谢你指出了我的盲点！我期待与你分享我和斯文的谈话结果。"

随着你变得越来越好奇以及越来越注意措辞，你将提出更多更好的问题，这些问题在试图帮助你理解他人观点的同时，还会让你避免做出你们说的是同一种语言的假设。

在教练时使用的措辞

积极的、专心致意的倾听者往往都是措辞艺术大师，他们不会用假设来理解对话。

你可以考虑使用以下措辞。

- 成功；
- 满意；
- 沮丧；
- 价值；
- 强调；
- 不知所措；
- 困难；
- 不开心；
- 销售价值；
- 有资格；
- 负担得起；
- 质量；
- 很好的服务；
- 指导；
- 需求；
- 有组织的；
- 持续的；
- 没有预算；
- 想要更大的折扣；
- 不是一个合适的；
- 默契的配合；
- 竞争的目的在于提供更好的产品。

以上这些措辞对每个人都有不同的含义，我们可以用多种方式解释。这就是积极的倾听者为什么会问出别人不会问的关键问题。当你听到这样的抱怨时，想想你内心的反应："我感到压力很大，难以应付的工作量让我不堪重负。"当他使用了"压力""不堪重负"这样的词时，以你之前的经历，你可能以为自己知道他的意思。因为你已经准备好了回答，所以你不用花时间去思考这些词句所表达的内容，去验证这样的陈述和用词对他的意义。因此，在真正理解他人的意思之前，请你不要草率地做出回应。

跳板式问题

更好的方法是使用我所谓的跳板式问题，也称为澄清问题。这是你更深入地了解他人最想要或最需要什么的机会。请注意，跳板式问题只能建立在他人分享的内容的基础上，目的是避免代价高昂的假设，增加对话内容的清晰度。以下是几个例子。

- 你所说的"压力大""不堪重负"是什么意思？
- 你能更深入地说一下你所说的"工作量大"是什么意思吗？
- 当你说"客户正在拒绝"时，你能说得更详细一些吗？
- 你如何知道这是事实呢？
- 支持你的立场（客户的感受等）的事实是什么？
- 对你而言，不堪重负是什么感觉？
- 当你说你想建立自己的品牌、变得更成功、赚更多的钱时，我们能否把这些目标逐个分解？这样，我们就能清楚地知道你最终想要的结果是什么了。一旦你做到了这些会如何？你会得到什么？
- 你对教练（观察、成功、失败、压力、合作、难打交道的客户、假设、模范客户服务、自信、恐惧等）的定义是什么？
- 我听说你希望呼叫中心能更好地响应你的请求。你觉得那应该是什么样的？你能分享一些能让你觉得他们的响应更积极的具体例子吗？
- 你是如何向客户介绍产品价值的？

关注沟通用语的问题能让你更清楚地了解你所听到的内容，或者更深入地讨论一个话题，这样你就能清楚地了解对方真正在说什么。此外，提问会挑战你的核心假设，要避免在每次谈话中自动、被动地倾听和回应。

对书面信息的教练

已经有无数的研究证实，员工尤其是销售人员，每天超过 60% 的时间都在阅读、写作以及回复短信、社交媒体信息和电子邮件，那么为什么有些天资聪慧、成绩斐然的员工会发现编写书面信息如此困难呢？最可怕的是，你的团队、你的沟通方式、你与人合作 / 互动的方式都是你、你的产品和你的公司的反映。在客户做出购买决策前，你已经在潜在客户的心目中创建了你和你的公司所能提供的价值的形象。

隐藏的机会

无论你是在面试过程中评估应聘者的能力，还是在会议中评估团队的写作技能，管理者都应该经常评估员工的写作能力。

遗憾的是，大多数管理者都没有制定成功地评估员工写作能力的流程。如果负责招聘的人员也在书面沟通方面遇到困难怎么办？谁能客观、有效地评估应聘者的写作能力呢？

有一个比较可行的测试，你可以将其作为面试过程中的另一个步骤，以确保你要雇用的员工是一位全方位的、有协作精神的、有效的沟通者，从而提升你公司的品牌形象。

以下就是你需要做的。

查看你的电子邮件，如果你正在招聘某个职位，找几封包含完整的书面谈话内容的电子邮件，提供与你所招聘的职位最相关的背景，确保三个不同的人有三种不同的情况。

这些电子邮件不一定都来自客户。根据招聘职位的不同，邮件可能来自潜在客户、同事、老板、客户支持部门。如果你想招聘一位管理者，邮件可能来自假想的直接下属。任何相关的场景都可以奏效。以下列出了一些例子：

- 服务问题；
- 愤怒的客户；
- 创造价值主张；
- 更新/合同条款；
- 折扣问题/采购问题；
- 内部员工/对等问题；

- 帮助中心问题/合规问题；
- 潜在客户的一些定价异议；
- 问题/跨职能团队的关系；
- 跟进续签客户的会员资格。
- 与跨职能团队一起完成项目；
- 销售人员需要与支持人员沟通；

- 销售问题；
- 竞争形势；
- 绩效问题；
- 竞争形势；
- 售后跟进；
- 找到决策者；

从原始电子邮件和谈话中删除人名或需要保密的敏感信息，以保护隐私、知识产权，或者你需要遵循的内部合规准则。

之后，与候选人安排一次会面（电话或面对面），并将这三封电子邮件转发给他们。每位候选人都需要对每封电子邮件做出回应，并将回应用邮件发送给你，由你来进行评估。请务必解释这次模拟练习的意图和目标。你可以参考以下方法。

假设你已经被录用了，现在是业务拓展总监。你刚刚收到了三个人发来的三封电子邮件，你可以在电子邮件中收集每个场景的详细信息。作为业务拓展总监，你会如何回复每封邮件？

给他们足够的时间来构思明智的回应。在接下来的 20 分钟内，你会收到三封由这些候选人写的回复邮件。你需要让模拟尽可能真实、相关和有时效性。

最重要的是，你刚刚评估了你是否对他们的书面沟通方式感到舒服、他们如何代表你的公司，以及他们在有压力和时间紧迫的情况下工作效果如何。

他们会作弊吗？当然有可能。所以，这就是我建议通过电话或当面进行这个测试，并让他们在 20 分钟内完成的原因。他们既没有时间去寻求专业的文案或销售老手帮忙，也没有时间在网上找模板。

你从中得到的额外好处是，你可以观察在面对压力的情况下，他们在有限的时间内如何对考验做出反应。他们是泰然自若、富有专业精神，还是因为压力过大而不知所措？

对于你现在的员工而言，这种测试永远不会太迟！你可以在整个团队中或针对个人进行这项测试，从而发现提高他们书面沟通能力的机会，并最终提升他们的个人能力。当涉及做出雇佣决策时，雇用精英还是庸人有着天壤之别。

以下是一位经理如何利用这种方法来做出招聘决策的例子。

除了一些知名公司，我还与 NHL、NBA、MLB、NFL 和 MLS 等数十支职业运动队合作过。布莱恩是曼联足球俱乐部负责门票销售的副总裁。他想聘请一位新的服务主管。他已经把范围缩小到两位候选人，他觉得这两个人都非常适合，这让他左右为难。他听了我的建议，尝试了这个测试。

在审阅了每位候选人所写的电子邮件后，布赖恩对我说，正是这个测试让他做出了决定。

在整个面试过程中，布赖恩说两位候选人都非常善于表达，都很文质彬彬，而且经验丰富。在电话和面对面的交谈中，每个人都表现得很好，沟通能力也很强。他们也有成功的经历和优秀的背景资料。然而，当比较他们的写作能力（比如专业知识、风格、专业性、信息的清晰和简洁、拼写、语法、礼仪、结束语和词汇等）时，一位候选人明显优于另一位候选人。

当你有效地评估了每个人在工作中获得成功所需的核心的沟通和写作能力时，你就能从快速招聘转向正确招聘。

对时间管理和个人效率进行教练

当谈及教练工作时，时间管理和生活平衡是许多管理者不愿提及的话题，因为每个人都可能束手无策。所以，我在我的上一本书《拥有你的一天》（*Own Your Day：How Sales Leaders Master Time Management, Minimize Distractions, and Create Their Ideal Lives*）中解决了时间管理这个全球性难题，让人们可以设计理想的职业生涯和生活，让每一天都充满喜悦、意义、平衡、效率，同时尊重他们心中的优先事项和价值观。

我们现在要介绍的不是关于时间管理的课程，而是关于如何让时间管理成为教练时刻，我知道管理者往往不会这样做。但是，帮助员工设计他们理想的职业生涯和生活仍然是你的责任，这反过来也会对所有人都有所帮助。

你最后一次评估员工的日程表是在什么时候，以确保它反映了所有使他们在不倦怠的情况下有效且平衡地实现目标的所有活动？

既然是你发起了教练式谈话，那就先动员他们设定预期，明确你的意图以及对他们有什么好处。

使用 E.L.A.D.S. 和 L.E.A.D.S. 框架指导个人效率和时间管理

动员

> 玛丽，我希望你每天的工作都会尽你所能地保持高效，这样，在一天结束的时候，你就可以体会到成就感，并对你所做的事感到满意，同时尊重了你个人的优先事项。

我有一些很棒的关于时间管理的工具和想法可以帮你做到这一点，这也是我自己正在做的事情。这样，我既可以支持你，也可以向你学习，我们就可以实现对我们彼此都最重要的目标。你愿意和我一起探讨这个问题吗？我可以给你最好的支持，让你在实现商业目标的同时，在没有压力的情况下创造你想要的生活方式和职业平衡。

学习

学员：好的。

评估

（1）能告诉我你是如何安排一天的吗？（你需要拿到他们的日程表，这样才能更有效地教练他们。）

（2）你如何确定任务或项目（比如承诺完成项目的时间、重要性、提出要求的人、可利用的资源、你想做和必须做的事情、完成任务的轻松程度等）的优先级？

（3）时间限制对你而言意味着什么？

（4）你通常是如何安排时间去专注于你的优先事项的？

（5）你是如何为日历上的所有活动分配时间的？

（6）你是否能根据已经安排好的工作时间表来完成预设的工作？

（7）你发现自己在什么时候效率最高、什么时候效率最低？

（8）你的工作时间分配表与你的优先事项和目标保持一致吗？

（9）你如何定义日常工作？

（10）如果你想为日常工作提出一个健康的、有吸引力的定义，它会是怎样的？能详细说说吗？

（11）你的日程表中有多少你每天要完成的日常任务和优先事项？

（12）你如何定义生活平衡？

（13）你希望每天有更多的时间做什么？比如关于个人的或者关于职业发

展的。

（14）你想在哪些事情上少花点时间？这样你就可以专注于那些最能影响你成功的高效活动。

定义

（1）重述一下，我听到你说的是……

（2）为什么你觉得生活平衡如此困难／容易？

（3）还有哪些事实被忽略了？

（4）如果生活平衡真的可能实现，而且也不难实现，那么你理想的生活是什么样子的？

（5）要想创造理想的、平衡的生活，你需要做些什么？

（6）如果你有一个灵活的日程安排，可以大大提高自己的工作效率，使你的生活更平衡，这意味着什么？

（7）你认为创建一个更系统化、更现实的流程来实现这个目标如何？

（8）想象一下，可能导致你的日常工作不堪重负、错过任务的最后期限或不能完成承诺的根本原因是什么？

（9）是什么阻碍了你遵守日程表和承诺呢？

（10）你需要做出哪些改变才能兑现你的承诺、完成自己的计划和优先事项？

支持

（1）在你看来，你需要采取什么步骤来获得你想要的平衡和生活方式？

（2）在我们下次的谈话中，你愿意承诺完成什么？在什么时候？

（3）我们应该在什么时候安排一次快速回顾，以确保你正朝着更高的效率和更大的成功前进？

（4）我怎样才能更有效地支持你，成为你可靠的伙伴，以确保你能坚持日常工作，从而完成对你而言最重要的事情？

（5）我能否分享一些可以简化这个过程的想法？这样它就不会那么难以应对了。

（6）你觉得我们的谈话怎么样？你从中学到了什么？

（7）你希望我在教练和支持你的方式上有所改变吗？

（8）让我们来安排一下下一次教练课程，并且让我们知道什么时候可以回顾我们的谈话。

让我们用真实的案例来说明，如果你不能掌控自己的一天，你就很难成为一名优秀的教练、销售人员或管理者。

我相信你已经注意到了有效的教练、自我管理和个人效率之间的关系。这是另一个观察你的员工、了解他们正在做什么，以及他们是如何管理每天的工作的机会。

教练一位顶级销售人员，帮助他改变态度和行为

我曾经在挪威为几位管理者和他们在摩根大通分行工作的其他顾问开设了教练课程。我想和你们分享这次课程的过程。

在我们深入探讨这最后一个曾被认为是艰难谈话的教练轨迹之前，请留意它是如何被格式化的。

首先，我介绍了六个步骤，并且分享了如何用动员步骤（E）开启对话。然后，请注意，接下来的教练策略被分解为 E.L.A.D.S. 动员框架中的每个步骤，因此你可以看出动员与教练之间的一致性。

课程的目标是讨论弗兰克显而易见的沮丧情绪和行为，以及他的经理乔安娜如何指导他走出挫败感的泥潭并表现出最佳状态，从而让他获得了自己想要的晋升机会。

请注意，当弗兰克对自己的态度以及他的行为对团队、他自己和个人形象有了更多的自我意识时，他将做出怎样的转变。就像我分享的所有模板一样，问你

喜欢的问题。

动员

乔安娜：弗兰克，我希望你能保持你的个人形象、高潜力员工的地位以及良好的人际关系。这意味着你已经为你想要的晋升做好了准备，同时消除了你提到的一些挑战和压力。

你对公司的承诺和你的职位让我注意到，即使有时候你有良好的意图，你做事的方式也会对你的绩效以及与同事的关系产生负面影响。

我想谈谈我观察到的情况，这样可以让你一直保持成功的形象、拥有完美的个人形象，并建立牢固和相互信任的人际关系。你是否愿意与我探讨我们如何一起实现这个目标？

学习

弗兰克：当然，我愿意。

评估

（1）你对自己在公司的表现和发展潜力有什么看法？

（2）你曾经和我谈到你偶尔会在工作中感到沮丧。你能详细说说吗？

（3）你沮丧的主要原因是什么？

（4）你认为你的同事（和客户）会如何评价你（他们会如何描述你？你又会如何描述自己）？

（5）你想让别人如何记住你（你理想的个人形象是怎样的）？你希望人们如何评价你？

（6）从上一个成功的季度到现在发生了哪些变化，以至于你没有完成某些关键绩效指标？

（7）当实现你的目标时，你在做什么不同的事情？

（8）在保持顶级销售人员地位方面，你希望排名第几？这对你有多重要？

定义

（1）所以，如果我没有听错……是这样吗？

（2）你认为为什么会发生这种事？是什么让你做出这样的反应？

（3）对于同事以及他们在支持你的过程中所扮演的角色，你会做出什么假设？

（4）还有哪些真相可能被忽略了？

（5）如果需要你进行自我评估，在 1 分 ~ 10 分的范围内，10 分意味着表现优秀、言行合一、态度积极、处理问题时能与同事高效协作、与每个部门保持着良好的关系，而 1 分则完全相反，你会为自己打多少分？

（6）通过自我观察，你觉得需要改变什么才能达到 10 分呢？

（7）你的态度如何影响你与员工 / 同事以及与客户的关系？

（8）它是如何影响你的业绩的？

（9）如果不改善你的业绩、态度和在团队中的工作方式，这将如何影响你的个人和职业目标以及个人形象（除了家庭、收入、生活方式、职业生涯和人际关系等）？

（10）升职对你而言意味着什么？

（11）如果你不这么做，你会受到什么影响？

（12）如果你能改善自己的态度以及公司内部对你的看法，那会发生什么？

支持

（1）你对培养一个持续的、积极的态度有什么看法？

（2）你觉得需要做些什么来修复或重建受损的关系？

（3）如果你晋升至管理层，角色发生了转变，你会如何应对这种情况？

（4）你是否已经准备好培养一些新的习惯和谈话方式，让你能够继续以建设性的方式表达你对他人的重视，同时提升自己在公司中的价值？

（5）太好了。让我们一起讨论一下你的想法，确保你能实现自己的目标，好吗？

（6）我是否可以分享一些观察结果，以确保你的战略将让你获得对你而言最重要的东西？

（7）我怎样才能成为你可靠的伙伴，帮助你把这些积极的做法变成一种习惯？

（8）当你再次表现出消极或糟糕的情绪时，你希望我如何提醒你？

（9）本周你愿意承诺做的一件事是什么？什么时候可以完成？

（10）如果你没有履行承诺，你希望我如何提出这个问题，让你愿意与我讨论？

干得好，弗兰克。我欣赏你对这次谈话的态度和你要求进步的承诺，我知道你会成为一位优秀的管理者。我期待我们下周的教练课程。到时，我们会讨论你的进步以及我如何能够继续支持你。

快速回顾

让我们看看乔安娜已经做了什么：

- 参照 E.L.A.D.S. 模式，动员弗兰克加入了教练式谈话；
- 提出客观的问题，而不是带有偏见的问题或引导性问题；
- 让弗兰克评估了他目前的态度所产生的影响；
- 让弗兰克意识到自己的行为是如何影响其个人形象和职业生涯目标的；
- 向弗兰克阐述了改变的好处；
- 向弗兰克说明了墨守成规的代价；
- 讨论了可能被视为难以分享的观察结果；
- 停止了假设和判断；
- 让弗兰克明确了下一个步骤，以及他希望如何被追究责任。

现在，我们已经深入探讨了管理者在职场中可能面临的最重要场景的关键谈话。现在，你已经有了教练框架和动员框架，以及语言、教练轨迹和问题，这些都将使你成为一名出色的教练。

你能对恐惧和自信进行教练吗

请注意，本章讨论的主题并不容易被识别为教练时刻，而通常被当作需要解决的问题或需要改进的能力。许多管理者根本不知道如何应对这种谈话或成长的机会。

请不要忽略以下事实：本章中的很多教练主题更多地涉及情商，而不是智商。所以，要留意教练下属内心活动的机会。

另外两个值得你关注的教练话题是恐惧和自信。我遇到的管理者都表示，他们很难处理这些问题，你可以在我的网站上找到相关的工具和教练策略。

有了这本书中介绍的新策略、思维方式和教练方法，那为什么教练还要在训练和重大比赛中站在一旁观察他们的运动员呢？这是为了确保运动员有冠军那样的表现，可以快速评估他们在哪些方面需要改进。

那么，你做了多少持续的观察？它导致了行为的改变吗？如果没有，那么你一定会感谢我将在第 11 章中介绍的内容。

Sales Leadership

The Essential Leadership Framework to Coach Sales Champions, Inspire Excellence, and Exceed Your Business Goals

了解你的员工：观察和反馈

在我主持的每一个项目中，管理者最终都会谈到他们的优秀员工和表现不佳的员工。我会问他们："你是如何确定一个人表现优秀和表现不佳的根本原因的？"

最常见的回答是："我看了他们的数据、行为、结果和商业计划。我会特别关注他们的数据和关键绩效指标。"

这些是发现最佳的教练时刻的地方吗？你如何识别你的直接下属在哪些方面需要教练，并让他们从中获得最大的好处？

> 伟大的管理者和优秀的执行者并不总是做不同的事情，他们只是做事的方式不同而已。

可以发现差距的三种方法

在实践中，发现你可以对别人进行哪方面的教练是比较容易的。管理者善于通过审阅报告来发现问题，确定需要采取的策略和想要的结果。然而，发现为什么（问题的真正根源）、谁以及驱动人们行为的思维方式、假设、价值观或观点需要更多有意思的尝试，这是任何报告都无法提供的。我们在第10章中讨论了如何通过这些主题进行教练。

因此，管理者可能发现，他们提供的解决方案要么失败了，要么没有得到充分利用，根本没有发挥它们应有的作用。

在教练的过程中，你需要找出差距、根本原因、教练的时机，或者分享对学员在思维方式、技能、策略或行为方面进行观察的结果，而这些都是学员自己看不到的。在此基础上，有三种方法可以帮助你发现差距，并找到根本原因。

1. 评估和检查

虽然数据、报告、预测、结果和业绩指标是评估市场趋势和识别出那些能够维持组织增长和盈利的领域的必要因素，但是很多管理者过于依赖通过研究和分析报告、电子表格和数据来诊断问题。在培养销售冠军时，它是这三种方法中效果最差的一种。即使进行了非常有价值的一对一访谈或客户访谈，也只是揭示了一部分真相，其中仍可能存在一些扭曲的事实。然而，当与其他两种方法结合使用时，它可能会变成另一个互补和关键的组成部分，用于找到某些行为、结果和表现的不足之处。

2. 谈话

无论是电话、短信、即时通信、社交媒体、面对面沟通、视频会议还是电子邮件，在每次沟通中，你都能找到合适的教练机会。创造安全的空间可以让人们自行处理自己的想法、挑战和感受。这既会激发他们更深层次的自我意识和更准确的自我判断，也会提高他们解决问题的能力。当然，有些战略机会、技术差距、假设或误解是可以通过谈话识别出来的。此外，请记住，优秀的教练必须善于观察，这样就能掌握学员到底在做什么的第一手情况，而不必依赖其他消息来源。

3. 观察

观察是管理者亲自看到、听到或查阅到的员工在日常工作中或与客户、同事、合作伙伴、潜在客户打交道时的所作所为。对销售人员的观察可以包括听他们如何通过电话沟通、坐在旁边观察他们如何处理日常事务、回顾他们每周的工作计划或发送的电子邮件、进行面对面的联合销售拜访来观察他们的表现以及如何与现有客户和潜在客户沟通。

如果管理者疏于观察，可能就会导致团队失败。他们面对的风险在于完全依赖在周报告中读到的内容，或者从客户、教练和同事那里听到的消息。尽管这些可能都是事实，但会存在片面性和主观性，因为这是你通过他人的眼睛看到的。

观察可以帮助体育教练找到运动员的盲点，以使他们对客观事实和真正发生的事情有一个全面的了解。

> 和职业运动员一样，销售人员在工作过程中往往无法进行自我判断，这就是为什么需要教练去观察运动员自己看不到的东西。如果你不进行观察，你和你的团队就可能会做出假设，你就不知道你的员工每天都在做什么以及他们是如何做的。

教练人而不是表格

请记住，数据和报告会告诉你员工的工作情况和结果，但这只是其中的1/3，它们不会告诉你员工为什么或者如何以他们的方式工作。因此，收集所有的事实还需要使用观察和谈话这两种方式。

通过数据无法评估员工的技能、敏锐度、核心能力、最佳实践、知识储备、沟通能力、态度、销售过程的执行力，以及如何有效地参与实现目标所需的活动。而这些正是优秀员工和表现不佳的员工之间的真正区别。当管理者只评估数据时，他们很难发现产生某些问题和绩效问题的根本原因。

当然，你可以猜测和假设为什么有些人没有实现他们的目标。但是，只有当管理者花时间去观察他们的员工时，真相（通常是痛苦的）才是显而易见的。

当管理者亲眼看到他们的员工在做什么以及如何做的时候，他们往往会感到震惊。

观察的好处是，管理者知道了员工表现不佳、人际关系紧张、没有完成销售任务的真正原因，以及自己需要提供什么样的帮助（比如额外的教练、培训、资源、策略和模板等）来帮助其提高绩效。

想想那些顶级运动员。他们在比赛时，教练在哪里？教练在观察。如果教练从不观察运动员比赛会如何？他们如何发现提高成绩的机会？输赢只表示结果，销售同样如此。结果不会告诉你为什么有这样的结果或者如何产生这种结果，这就是观察就像教练一样永不停止的原因。

当谈到坚持扮演首席问题解决官的角色时，你可以想一想，你从未见过一位体育教练跑到场上替他的运动员比赛。你也不应该这样做。不要接手你直接下属的角色和职责，并取代他们的位置。相反，你应该教练他们自己熟练地完成任务。

阻碍观察的因素

如果观察可以快速评估人才缺口，而人才缺口一旦被填补，就会形成一支销售冠军团队，那么为什么进行观察还会遇到如此大的阻力呢？

管理者常常抱怨没有时间去观察，但是他们不愿意这样做的真正原因如下。

- 他们认为观察很困难，有时还会遭到抵触。
- 他们假设自己曾经有过这样的经历，即直接下属不想被观察，尤其是那些表现优秀的员工。
- 管理者会根据结果、活动或谈话来判断员工在做什么。因此，他们没有收集事实，而是用代价高昂的假设来取代事实。
- 团队离他们很远，很难找到时间去观察他们。

观察之所以困难，是因为大多数管理者从未被告知如何进行观察，并以一种容易被接受，而且能导致行为发生积极变化的方式提供反馈。

解决错误的问题

更糟糕的是，管理者只依据结果或其直接下属的行为来评估问题的根本原因和差距。因此，他们无法准确地评估核心问题出在哪里，弥补不了错误的差距，也无法最终为错误的问题提供解决方案。

以下是一个常见的场景。你是销售人员，你的经理分享了能帮助你变得更成功的建议：

你需要提高业绩才有可能完成任务。看起来，你每周打电话和预约客户的次数都不太多。所以，你需要打更多的电话，安排更多与关键决策者的会面。

你认为销售人员在听完这些"明智"的建议后会感到颇受鼓舞，并为获得成功做出改变吗？这是空洞的建议和空洞的教练的典型例子。

如果你是一位可能传达过类似信息的管理者，你真的认为你的直接下属在想"现在我知道需要做些什么来解决所有问题了，我只是需要多打几个电话"吗？不太可能。

对于那些可能会听取管理者建议并打了更多电话的直接下属而言，如果他们没有正确的方法、策略、心态和信息，就无法获得他们想要的结果。

动员人们参与观察

你会从哪里入手，让观察成为你教练过程的一部分？在进行动员时，如果你还没明确自己的意图，那么学员就会形成自己的结论，而这个结论很有可能是恐惧。以下是一个教练轨迹，你可以用来设定预期，明确意图以及学员将获得的价值。

> 我想让你充分发挥你的潜力，这样你就可以体验到成功的喜悦。要做到这一点，最重要的是我们要就观察意味着什么以及它对你有多大价值达成一致意见。想想那些伟大的运动员，他们都有一个共同点，那就是教练会观察他们的比赛，因为你在比赛中无法进行自我判断。这就是教练能在场外发现运动员自己看不到的问题的原因。教练会观察，然后帮助运动员改进提高，以确保他们表现出色。

> 同样的道理也适用于销售甚至管理。销售人员在销售过程中很难在专注于工作的同时进行自我判断，因为当人们已经习惯于某种做事方式时，就很难发觉其中存在问题。因此，观察能让你意识到自己工作中的缺点。否则，我们就会继续做出那些妨碍我们成功的行为。你同意这一点吗（比如不经意打断了客户的谈话，忽略了能够收集到关键信息的问题，你的语气、语速和语调的变化，甚至是你如何回应同事、潜在客户和现有客户）？

> 请记住，我愿意接受你对我的观察，因为我重视你的反馈。你愿意讨论这个话题吗？

现在，可以开始教练了！以下几个问题可以帮助我们进行谈话。

- 观察对你而言意味着什么？
- 你过去有过被观察的经历吗？
- 如果有，当我观察你时，你会有什么顾虑？
- 我们如何让临时的和计划好的观察环节／联合销售拜访成为支持你成功的宝贵经验？
- 让我们先来设定规则，这样我们就能知道需要做什么以及如何管理我们一起进行的客户访问，好吗？

你陪一位销售人员去见客户。结束后，你可以根据你观察到的情况进入回顾阶段。让我们看看你可以使用什么策略来提供反馈，从而获得有价值的结果。

关注解决方案，而不是问题

想象一下，一位经理在一次与重要客户的会议上对一位销售人员进行了观察。会议结束后，经理和销售人员回到了车里或者办公室。通常情况下，经理会这样对销售人员说：

- 你错在……
- 你应该这样做……
- 你为什么不这样做／那样做不是会更好吗？
- 你在想什么？
- 现在，我明白你为什么不能完成指标了！

正如你所想的，这当然无助于形成开放和健康的教练氛围。销售人员在拜访潜在客户后可能会情绪低落，现在又被经理一通数落！

请注意这些陈述和问题的重点，它们关注和强调的是出了什么问题，以及这位销售人员为什么不能或者将无法完成某事。

管理者往往过于关注员工没有做什么或者什么没有起作用，而不是什么在起作用。这种思维方式使他们无法强化他们希望团队采纳和实践的积极行为（参见第 10 章）。

有效的反馈始于自我评估

既然我们已经发现了哪些问题和陈述是需要避免的，那么在鼓励学员发现自己的差距和发展机会的同时，你可以提出哪些积极的、以解决方案导向的问题呢？

管理者提供的反馈不仅要让直接下属心甘情愿地接受，而且要让他们产生积极的行为改变。那么，你如何才能做到这一点呢？

> 管理者有能力为每个员工量身定制反馈意见，这是优秀教练区别于他人的特征，这也解释了为什么当涉及改变每个人的独特行为时，教练的效果往往比培训更好。

虽然有违直觉，但是在提供反馈时，与其分享你的观察结果或者员工做得对错之处，不如从帮助员工进行自我评估开始，这样他们就可以进行自我分析，而不会被你的观点左右。

以下问题有助于培养个人责任感，帮助学员评估他们的自我意识，避免告诉对方他们已经知道的事情。

- 你觉得那个电话/会议进行得如何？你观察到了什么？
- 当你做展示时感觉如何？你从你的潜在客户/听众那里感受到了什么？
- 你觉得你在哪方面做得好？
- 你觉得自己被困在哪里了？
- 你有什么不同的做法吗？
- 如果有，为了下次获得更好的结果，你需要改进或改变什么？有没有什么事情是你觉得被忽略了或者需要解决，但实际上并没有的？
- 在向团队做展示时，你还注意到有什么方法可以让大家更加专注（他们在哪方面做得好、哪些方面需要改进）？
- 在实现会议目标方面（你的目标和客户的目标），你如何评价自己？

现在你知道了他们观察到了什么、错过了什么，那么在他们进行自我评估之后，你就可以根据你的观察结果给出反馈了。你可以从以下问题开始：

> 我想确保我能以最好的方式支持你。我可以分享一些我观察到的、能帮助你更成功的事情吗？

首先寻求理解，然后提供你的观察结果（他们忽略的事情），以避免冗余。这就是你带给他们的价值，因为你在分享他们没有看到的、超出他们视线范围的东西。既然你现在知道他们观察到了什么以及忽略了什么，你就可以问这个基于许可的问题了。

一旦你分享了一两件你观察到的事情，你就可以继续用以下的问题来确认他们学到了什么以及接下来将采取的步骤，以确保你创造了动力，树立了责任感。

- 你的行动计划是什么？你计划为下一次会面做出哪些改变，以获得你想要的结果？
- 你从中吸取了什么教训？
- 你是否愿意将我们讨论的内容纳入我们下一次的教练课程中？这样我们就有时间给予这些观察应有的关注。

现在，人们更愿意对个人发展保持开放的心态，更愿意彼此合作以寻找更好的解决方案，更愿意进行自我批评，因为他们回答的是驱动解决方案而不是让他们处于防御状态的问题。

此外，你将能够更好地发现他们在思维方式、策略和方法上的差距，并利用合适的教练时刻来为他们提供所需的教练和有效的解决方案以消除差距。图 11–1 简单介绍了这种策略。

当分享你的观察结果时，不要超过一两个，这取决于学员的变化有多大。剩下的留到下一次联合销售电话会议上讨论，或者当你有时间来教练、培养以及改善他们的技能和心态时。建议把这些话题带到下一次教练课程上。

你能观察到什么

观察不仅局限于你所看到的（比如环境、肢体语言、肢体／面部表情、现有客户或潜在客户的反应和行为等），还包括你所听到的（比如说话内容、说话的方式和没说什么）。无论你是销售人员的经理、非销售人员的经理还是经理的经理，这些准则都适用。以下是一个简短的清单，列出了 22 个你需要观察的方面，你将从中发现教练员工发展的机会。

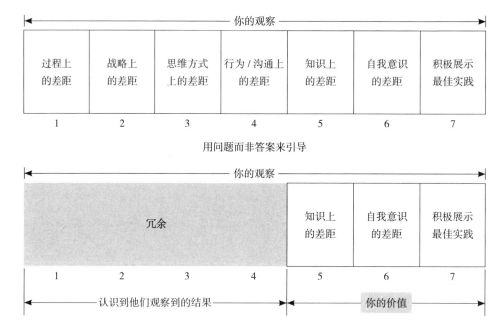

图 11-1　发现差距并提供观察结果的策略

- 书面沟通（演示文稿、电子邮件、案例研究、提案、商业计划、社交媒体、文本和即时消息等）；

- 口头沟通（面对面、电话和视频会议等）；　● 客户关系管理系统；

- 演示文稿（打印、通过电话、网络研讨会、案例研究、面谈等）；

- 与团队的沟通；　　　　　　　　　　　● 销售流程（针对销售人员）；

- 团队参与、协作和指导；● 与其他部门和同事合作；

- 团队会议和一对一会谈（作为演讲者和参与者或教练和学员）；

- 教练课程/谈话；　　　● 同事互动；　　　● 文书、报告；

- 产品知识；　　　　　　●时间管理/组织；　● 处理不适；

- 关注优先事项；   ● 倾听技巧；   ● 性格／外貌；

- 态度；   ● 解决问题；

- 工作场所之外的社交活动；

- 环境、工作场所、办公桌和车。

观察创造了教练时刻，教练时刻创造了突破。因此，观察创造了突破。

全球管理者和语言提供的观察机会

如果你是一名全球管理者，你的一些直接下属正在通过电话与世界某些地区的公司沟通，而你根本不懂这些地区的语言，请不要绝望，你仍然可以进行观察。你可以观察以下五件事。

- 语气、语速和语调的变化。

- 他们在与客户交谈时是否打断了客户的话？

- 他们是不是说得太多了？

- 他们是不是在问更多的问题并且倾听，而不是说话？

- 你能感觉到他们的方法或态度的变化吗？

即使你不懂他们的语言，这些也都是你可以用耳朵"观察"到的东西。你可以找一位懂这种语言的同事听听你的直接下属在说什么，然后请他把他听到的告诉你。

在某些情况下，记录销售人员的电话是合法和合规的。这是你可以与同事分享的内容，他们可以倾听谈话并提供反馈。

分享观察结果和培养一个人的区别

虽然管理者可能认为他们正在以各种方式培养和建立自己的团队，但是在培养员工与分享观察结果之间往往存在着很大的脱节。以下是你可以做的，可以立竿见影地改善绩效，真正地培养你的员工，提升他们的技能。我永远不会忘记我在比利时参加领导力教练课程时的谈话。这一切都始于一个简单的问题："有人能举个例子说明你是如何培养一个人的吗？"一位经理举起手，开始讲述他的故事。

他说："我和我的一个销售人员去拜访客户。因为大部分时间都是这位销售人员在主持会议，所以我坐在那里，观察他需要强化的积极行为，并找出那些他可以改进的、有助于他在未来取得更好成绩的行为。"

我想，这个故事听起来会很有意思！

经理继续说："离开潜在客户的办公室后，我们上了车，开始回顾会议期间发生的事情。我问他觉得会议进行得如何。在他分享了他的看法之后，我也分享了我的一些观察结果。"

"你和他分享了什么？"我问道。

"我一开始就告诉他，在会议期间，我发现了一些他在下次开会时需要注意的事。"

我的好奇心达到顶峰。我问："你与他分享了什么？能详细说说吗？"

"首先，我注意到在会议开始时，他并没有就潜在客户的议程及其想了解和完成的内容设定预期。我还告诉他，他没有问潜在客户为会议预留了多长时间，也没有问还有谁（如果有）会出席会议，谁将参与决策过程。……最后，我告诉他，在考察过程中，他在收集有关潜在客户的情况、未满足的需求、当前使用的产品和服务、痛点、理想的解决方案、当前的优先事项或竞争计划和他们的决策过程等信息时遗漏了几个问题，这些问题有助于评估该客户是否适合我们。我告诉他，他需要更勤奋地学习提问。"

我想请这位经理继续分享一下他是如何教练并进一步培养这位销售人员的故事。我兴奋地问："然后发生了什么？"

"我们就这样结束了谈话。"经理说。

我停顿了一下，问道："那么，你是在什么时候想培养这位销售人员的呢？"

"我告诉过你，"经理回答，"当我分享了我的观察结果后，我有了进一步的想法。"

决定性的时刻现在已经很明显了。我向经理致谢："谢谢你分享你的故事。然而，我想知道，是否有人注意到分享观察结果和培养一个人之间的区别，或者这两种截然不同的行为能否使用同一个定义？"

扩展员工视野，再进行教练

当你分享观察结果时，你是在分享你所听到或看到的东西的概况、最佳实践和改进机会。当你真正培养一个人时，你会把谈话转移到更深、更具策略性的层面，这将导致行为和思维方式的改变。你正在从一般的概述转向最佳实践的开发和细化，或者需要改变哪些方面来提高业绩。

这包括在思维方式、知识、行为、沟通和信息传递（书面、口头和不使用语言）等方面的升级或改进。销售与领导力是需要掌握的教练语言，也是区分优秀员工与其他员工的最重要因素。

这是一个颇具机会的领域，管理者可以通过挑战人们的自责和外部声音来积极地改变他们的态度、思维方式和行为，以提高他们的绩效。

> 成功的关键在于你如何积极、有效地了解自己以及如何与人沟通。教练能让你倾听内心的声音，评估你向自己和他人描述的内容的有效性。

那么，你如何将你的反馈转化为成长的机会呢？接下来的谈话应该是什么样的？这是管理者的纠结之处，他们经常会在终点线前几米处停下。因为他们假设在分享了他们的观察之后，积极的行为改变会随之而来。

如何从观察转向教练

根据我在比利时的经验，以下这些想法和练习可以供你和你的团队使用，它们可以将谈话从分享观察结果转向通过教练来显著提高业绩。

教练场景 1

观察结果："在你的下一次销售拜访中，你不认为你需要更好地评估和了解每一位新客户吗？"

这会导致行为上的可衡量的变化吗？绝对不会。虽然这个观察结果可能是相关的，但它并没有说明需要如何做以及到底需要改变什么。现在，让我们看看你应该怎么说。

你可以考虑这样说："对于每一位新客户，你认为你需要了解哪些方面才能赢得他们的订单，并为他们提供最好的服务？"

然后，你会（希望）从销售人员那里听到他们认为提供一个解决方案所需要了解的所有信息。这个方案既能解决客户的问题，又能节省时间和金钱、提高绩效和效率，还符合客户对服务的需求以及对结果的预期。现在，至关重要的问题是："在评估每个机会时，你可以提出哪些能够为你提供所需信息的问题？"这能提高一个人的技能吗？一定能。结果是销售人员有了一份可操作的问题列表。对于你的团队的其他成员而言，这可以成为可记录在册的最佳实践。最棒的是，这位销售人员拥有并接受了这些问题，因为这是他自己发现的。

教练场景 2

观察结果："打电话给首席财务官/首席行政官/首席技术官，向他们解释一下为什么我们无法提供他们要求的折扣，这可能是个好主意。你觉得怎么样？"这位经理把销售人员逼入了绝境："是的，我当然会这么做。"但你知道他们将如何进行谈话吗？他们根本不会打电话。事实上，由于经理没有提供任何关于如何改变他们传递信息的方式的教练，销售人员很可能会采用同样的方法，并不可避免地产生同样的甚至不如以前的结果。

你可以考虑这样说："在你与首席财务官的最后一次谈话中发生了什么？首席财务官说了什么？你对此有何回应？当你给首席财务官打电话时，你会如何与他沟通？让我们来练习一下。现在，我是首席财务官，你将通过与我沟通，以最好的方式来解决和缓解矛盾，你会怎么说？"

越过终点线

虽然很多管理者都能在动员员工参与观察、分享反馈等方面做得很好，但他们往往会在到达终点线之前停下来，并且将给出的反馈转化为教练。如果你想建立一支销售冠军团队，并且培养未来的领导人，那么你不仅要分享你的观察结果，而且要对他们（他们的技能、行为、态度、能力，以及如何在谈话和信息传递方面做出可衡量的改变）进行教练，这是至关重要的。遗憾的是，大多数管理者都依赖于他们对需要改变的东西的假设，而不是事实。一旦发生这种情况，他们就无法看到周围发生的事情。

既然你正在努力摆脱假设，那么现在是时候探讨一下那些最常见的陋习了。正是这些行为区分了效率低下的管理者和高效管理者。

Sales Leadership

The Essential Leadership Framework to Coach Sales Champions, Inspire Excellence, and Exceed Your Business Goals

12

阻碍教练成功的15种常见陋习

随着本书接近尾声，我希望你采纳书中提及的这些最佳实践，成为一名变革领导者和教练。我知道你现在就是这样的，希望将来也是! 事实上，你读到这里就已经表明，你已经具备了成为受人尊敬的管理者和教练所需要的最重要、最核心的特质。

我们已经重点讨论了你可以通过不断地发展和完善你的技能和领导力 DNA 来成就最好的你，同样重要的是，你还要注意一些消极的思维方式和行为，避免做那些可能会破坏教练、形象和信任的事情。以下是管理者需要意识到、关注和回避的 15 种陋习。

陋习 1: 使用九个令人消沉的词语

不要使用任何以"不"开始的词语。教练是领导力的语言，那么就请你把这些词语从你的词汇表中删除，它们对你毫无用处。这些词更关注的是问题本身，而不是创造一个新的、更好的解决方案和机会，比如不能、不会、不应该、不可能、不是、不会是、但是（否定了之前所陈述的一切，可用"和"代替）。

管理者往往关注的是员工没有做什么以及什么没发挥作用，而不是什么是有效的。因此，他们不会强化积极的行为和最佳实践。不可避免地，他们会想为什么要处理反复出现的问题，比如失去信任、信心减弱、表现平平和团队脱节。

因此，当管理者在问题中越陷越深时，就会强化某些不受欢迎的行为和无法实现的借口，这会让他们离更好的解决方案越来越远。

如何避免这种陷阱？你可以培养一个习惯: 语言上的一个简单转变就能彻底

删除这些词。问"你如何能"或者"你会如何"肯定比问"你为什么不 / 不能"更有力量。这两种说法，一种可以赋予人们力量，一种则让人们泄气，削弱了他们的责任感，使人们更加依赖你。

避免这些破坏性的、以问题为中心的问题

请注意，当你使用以"你为什么不能……""你为什么不去……""你为什么不会……"开头的句子时，问题的焦点就在于问题本身和别人犯的错，而不是解决方案或者创造新的可能性。

消极的话会产生消极的结果。语言就是一切，包括我们对别人说了什么以及对自己说了什么。试想一下，当你问以下一些问题时会得到什么样的回答：

- 你做错的是……
- 你觉得这个解决方案的差距在哪里？为什么行不通？
- 你为什么不给出一个更有说服力的理由？
- 你为什么不能在这个季度完成你的目标呢？
- 你为什么不拿下那笔交易？
- 为什么你不能改善与合作伙伴（客户、客户经理、同事、直接下属和同事等）的关系？
- 你为什么没有更好地验证客户的需求？
- 你为什么不想赚更多的钱？

通过使用这些消极的问题，你已经给了你的直接下属充分的自由和权力来使用各种理由或借口来解释他们为什么不能做某件事。你没有创造一个教练时刻，而是允许他们用借口来破坏教练。

因此，如果你听到这样的话，请不要感到惊讶："谢谢老板，让我有机会可以用所有伟大的借口来解释为什么我不能、不会以及没有做我需要做的事。"

陋习2：教练员工还是让他们故步自封

愿景往往决定了结果。以下是我在南非与微软领导团队一起工作的经历。这次经历让我明白了一点：这是每一位管理者都在努力解决的问题。当你阅读以下的对话时，请注意两种截然不同的观点。

管理者的观点

他们就是不明白，我的出发点是善意的。我在注意我问的问题。但是当我感觉已经问了足够多的问题，而下属仍然不知道该做什么时，我就会失去耐心，直接进入问题解决模式。我很不耐烦，因为他们没有任何想法，也没有意愿进行自我反省来发现自己的发展机会。结果，我停止了教练，我下达的各项指令与教练工作的目标背道而驰。

我尝试过各种方法来帮助这个人提高他的绩效，但似乎没有任何效果，我真的很想帮助他。

虽然这位经理的意图是好的，但一旦失去耐心，教练就可能会停止。而失去耐心是因为你一心向往未来，急于在谈话中得到你想要的结果。

如果你活在当下，你会更有耐心，更能发现那些通常会被忽视的成长和提高的机会。否则，你会转而告诉人们该做什么，或者你会问一些引导性的、封闭式的问题草草了事。如果你想知道这是如何影响学员的，就请接着往下看。

销售人员的观点

经理知道我想做得更好，我愿意接受教练，但我还在了解公司、政策、产品和销售流程，以及当我需要资源时该如何寻求帮助。

面对复杂的销售周期和庞大的产品线，我多次被告知，达到公司预期的业绩水平可能需要长达一年的时间。我致力于在教练的指导下做到最好。然而，当我向经理寻求帮助时，我们的谈话开始时很顺利，中途却发展成我的经理失去耐心、直接告诉我该怎么做。

然后，谈话以"我们就谈到这里吧，这就是我需要你做的"而告终。你可以想象，这种方法让我感到很没有信心，让我失去了动力。

我越来越犹豫要不要向他寻求帮助。我试着跟上节奏，因为我喜欢这家公司，我想在这里创建自己的事业。我意识到我还在学习。所以，当我的经理告诉我"你在入职培训中就应该学会这些"时，我感觉自己很失败。

我认为我的经理不信任我，也不重视我的工作。或许因为他对我没信心，而且我发现我自己的信心也开始下降了，也不再相信自己有能力胜任这份工作。

他似乎放弃了对我的教练，而是用他问的问题把我推向了一个特定的方向。当谈话停下时，他只是告诉我该怎么做。我再也感觉不到有人在教练我了。

这种指令性方式让我觉得自己是在被操纵，因为他问的问题既不是为了更好地了解我，也不会为我创造一个安全的空间，让我独自思考当时的情况以及可能的解决方案，而只会引导我找到她想在谈话中得到的结果。如果说教练就是操纵，那么我对教练完全不感兴趣。

从现在起，我会请我的同事来教练我，或者自己做些什么来学习和表现，因为很显然，我的经理并不信任我，或者她对我的能力没信心。如果是这样，也许这个职位根本就不适合我。

教练文化还是封闭式文化

令人故步自封不是你在指导某人时要做的事。遗憾的是，当管理者在教练中失去耐心时，结果可能是很糟糕的。更糟糕的是，如果你是一位销售经理（曾经是优秀的销售人员），你天生就会问一连串的问题，让对方很快就找到你想要的答案。

从销售精英转变为销售经理的管理者很难摆脱昔日的工作习惯。毕竟，当他们从事销售工作时，传统的销售智慧会建议你问一些问题，引导人们顺利地完成销售过程。如果做得好，你就会获得订单。

虽然这种行为可以赢得更多的订单，但是它同时也会破坏你为教练工作付出的努力和形成的关系，即使你的意图是好的。也就是说，管理者并没有教练人们去创造新的可能性，而是使人们故步自封。

操纵式的管理策略

如何辨别你是在教练他人还是在让他们故步自封？在我开设的为期一天的领导力教练课程上，有很多机会可以让管理者与他们的同事进行模拟教练。当我听到以下反馈时，我就知道这位管理者正在结束他的教练工作。

> 我费了好大劲才想出一个问题，来引导这个人到达我想要他到达的地方。我试着用不同的方式问这些问题，希望他们能正确理解，但我还是没有得到我想要的答案。我在谈话中变得不耐烦，还有些沮丧，因为我想让他们快点找到我已经知道的正确答案！

现在，学员有了不被重视、被低估的经历，他们不想再接受教练。

当管理者使用引导性问题时，无论是有意的还是习惯，他们只是想把他们的议程隐藏在提出的问题中。因此，这会促使学员得出管理者想要的答案或者解决方案，而不是他们自己的。根据管理者的说法，他们的直接下属都会认为管理者的想法、行动或方法是最好的。但是，这不是在教练某人！

然后，管理者会想，为什么他们的直接下属不想接受教练了？原因是这种方法让人们觉得自己受到了评判和操纵，进一步损害了每一段关系中需要的信任。

> 当过程是轻松的、合作的、愉快的、充满探索精神的、令人兴奋的时候，你就知道你是在教练某人了！在谈话结束前，如果你感到沮丧、失去耐心，会因为把你的精力都用于教练学员向你希望的方向前进而感到精疲力竭时，你就知道你是在让某人故步自封！

不要试图让别人听从你的指挥、去做你认为应该做的事，而是要专注于创造新的可能性。你可能很熟悉这句话："没有人喜欢被推销，但每个人都喜欢主动购买。"这也适用于教练工作。没有人喜欢被操纵或被告知该做什么，但每个人都喜欢找到解决方案，他们会因结果是他们自己创造的而感到自豪。

审问式教练：引导证人

如果你的直接下属没有自己的想法，或者你知道你问的问题的答案，或者在听到他们的观点之前问一个你想要得到回答的问题，这说明你是在引导他们。以下是九个你最好避免问的引导性问题。

- 你不觉得去拜访客户并给他们一个有说服力的理由，让他们从你这里买东西是个好主意吗？

- 如果下次你能更好地把握机会，那会不会更好呢？

- 你试过给客户打电话吗？（这些都是管理者的想法，他们只会得到"是"或"不是"的回答，让人感觉像是在审问而不是协作。相反，你可以问一些诸如"如何"或者"为什么"的开放式问题。例如，到目前为止，你还做过哪些尝试？你在打电话给客户时都说了什么？）

- 难道你不觉得按照流程去做事是个好主意吗？

- 当涉及与客户合作和为客户提供支持时，你为什么不更多地利用客户经理呢？（这是事实吗？是像他们告诉你的那样，还是这只是你的假设？）

- 是你没有充分利用这笔交易中的资源和人脉，还是你真的认为这是采购的错，使你本季度的交易无法完成？（你提出的问题清楚地表达了你的观点，你认为只有两种解决方案是最好的。）

- 如果我给那位客户主管的经理打个电话，看看发生了什么，会对你有帮助吗？

- 那么，你想让我怎么帮你？（这将让自己成为首席问题解决官。）

- 看看你的数据，似乎你真的需要改善你与客户的关系了，不是吗？（分享你认为是真实的东西，然后把它变成一个封闭式问题。如果学员没有直接告诉你，那么这就只是一个假设。）

封闭式的、评判式的问题让人感觉像是审问或对峙，会让学员处于守势，只能结束谈话，给管理者一个"是"或"不是"的回答。而开放式的、客观的问题会创造一个探索、开放、合作的氛围。

在谈话时，你最好直接告诉你的下属你想让他们做什么或者给他们什么答案，而不是问这些致命的问题。

放弃控制，拥抱未知

管理者会避免问一些他们不知道答案的问题，因为他们担心，如果学员不知道答案，那么他们就会被视为一个骗子、一个不完美的教练！正是这种自我假设妨碍了我们做一个真实的人，使我们不愿探索未知，习惯于在自己的舒适区自得其乐。此外，如果你什么都知道，那你如何享受终生学习的乐趣呢？

如果你想要创造一种新的可能性，而你已经知道了你所问问题的答案，那么这就是一个错误的问题。最好的问题是那些你不知道答案的问题。只有这些问题才能激发新的想法。毕竟，一个目标可以有多种实现方式。

让我们来看看这种徒劳的循环，以及当管理者陷入这种循环时会发生什么。

- 寻求解决问题的方法时，直接下属找到了管理者。
- 管理者认为自己和直接下属都已经了解了目的、目标和挑战，并相信这是他们以前已经处理过多次的问题。
- 随后，管理者会假设差距和根本原因，停止用问题进行评估，并根据自己的经验、预期和想要的结果提供答案。管理者也可能问一些封闭式或者引导性的问题，引导直接下属得出管理者想要的结果或解决方案（"当我处在你的位置时……""你真的应该……""你不觉得……是个好主意吗"）。
- 由于没有发现核心问题或根本原因，管理者只能解决错误的问题或表面的问题，从而导致产生重复且耗时的谈话以及不耐烦和沮丧的情绪。

图 12-1 说明了这个徒劳的循环过程。

这种恶性的、徒劳的、破坏性的循环仍在继续。管理者会想自己为什么会感到沮丧、不耐烦，为什么会把大部分时间都花在了处理那些根本不应该出现却反复出现的问题上！

相反，如果你提出了正确的开放式问题，给你的下属探索解决方案或者新的思维方式的空间，你才能从管理者转变为教练，你的销售人员才能成长为销售冠军。

陋习 3：站在自己的角度进行教练

你是否经常对同事、客户、直接下属、家人或者你自己使用"应该"这个词，

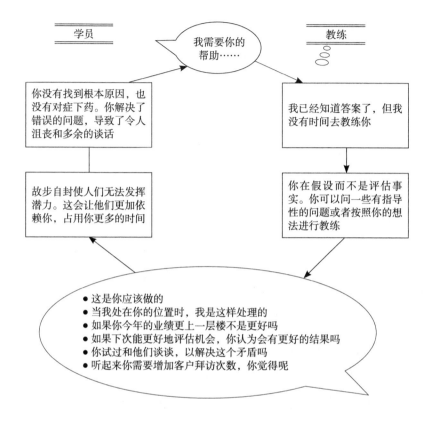

图 12-1　故步自封造成的恶性循环

而不是耐心地尊重他人的想法、能力和意见？如果你犯了使用"应该"这种表述的错误，那么你就是在按照自己的想法去教练别人。因此，你扼杀了创造力、个人的成长、创新和新的可能性，而这些都有可能从一场真正的教练式谈话中开花结果。你创造的是平庸和机器人，而没有挖掘人们的个性和才能，即使你的本意不是这样的。以下是一些我们常见的"应该"句式。

● 当我在你的位置上时，这是我实现目标的方式，所以你应该遵循我的策略。

● 你应该这样向潜在客户展示……

● 你在这里工作多久了？你应该早就知道了！

● 我的其他客户也是因为这个功能才购买的，所以你也应该是这样的。

● 我知道什么对我有效，所以这应该对你也有效。

或者，你也可能对自己说"应该"。

- 我早就应该知道会发生这种事。
- 现在，我应该已经实现了我的目标。
- 我应该有更高水平的表现。
- 我当经理已经五年了。我应该知道如何教练我的团队！
- 这本书我快看完了。我现在应该是教练大师了！

当你在对自己或别人说"应该"的时候，你就犯了一个很大的错误！你要意识到，"应该"只是你的主观臆想。所以，是时候停止说"应该"了！

使用操纵性的封闭式问题也可以转化为按照你的想法进行指导，因为你正试图快速地将某人带到你认为他们应该到达的位置，这通常是基于你的经历、经验和对你有效的东西。

用你自己的想法来教练别人，这是我们强加给别人的一个"应该……"。尊重每个人的个性之所以如此困难，是因为如果你不知道如何去教练别人，你就会默认自己知道的、假设自己为成功所做的事情也会对别人有用。

如果有人继续对自己说"应该"，他们很有可能就是完美主义者。当目标完美无缺时，我们注定会失败和失望！

我们可以选择其他方式并且容许自己犯错，或者通过成为一个善于说"应该"的大师来打败自己和他人；或者，我们可以选择接受，因为我们承认自己是谁，我们所经历的正是我们在个人进化和自我发现的道路上需要经历的。

如果你活在过去的回忆或者未来中，而不是活在当下，"应该……"抓住了后悔的本质，也是一个关于后悔的很好的例子。我们经常会想："要是我……（比如接受那份工作、做出那个决定、找到我的灵魂伴侣、存更多的钱、买了那只股票、和老板谈升职、更好地照顾自己等）就好了，那我今天的生活会好得多！"这种心态会让你一直活在对过去的遗憾中。

与其专注于你认为它应该是怎样的，不如拥抱当下，因为当下是我们真正拥有的。在这一刻，我们总是有能力做出选择，去创造我们想要的生活。

陋习 4：忽视当下

为了永不满足地追求成功，执着于实现下一个目标，而不是原地踏步，每家公司、每位管理者都需要从关注当下开始。这正是决定你成功或失败的关键。

管理者是解决问题的高手，总要在各种情况下快速地找到一个解决方案。他们习惯专注于自己的销售目标，找出解决问题的方法，并提供指导性的反馈。

遗憾的是，这种心态让他们付出了巨大的代价。如果你只关注问题、结果或接下来会发生什么，那么你往往会忽视现在。现在发生了什么？你的员工、你的流程、你的行动、你的选择、你的生活都如何？

我要分享一个故事，它说明了活在当下的重要性。

死亡是生命的一部分。我参加过很多葬礼。在葬礼上的某个时刻，朋友和家人会在众人前谈论逝者。这时，每个人都会有两种反应。第一种反应是，尤其是一位老人去世时，人们的反应可能是："我没想到他对这么多人产生了这么大的影响，原来他一生中取得了如此辉煌的成就。"第二种反应更常见，那就是你开始思考自己的生活，开始思考你生命的终结。这时，你会体验到一种身体上的、情感上的、精神上的甚至是灵魂深处的反应。你的胸部会有刺痛感，你会注意到你的呼吸变得有点不规则，心脏比平时难受。一开始你会流泪，然后开始哭泣，这在葬礼上是很自然的事情。起初，你会发现这种表现会让自己感到惊讶，甚至不舒服。但最终，你意识到你需要体验那些悲伤、遗憾和悔恨的感觉，因为每个人在失去自己所爱和关心的人时都会有这种情绪。然后，你会有一种如释重负的感觉。你是在承认和反思你内心中出现的东西，它们占据了你生命的一部分。这是许多人都会有的内心挣扎——尊重你的核心价值观、你的优先事项和你的生活与以不屈不挠的执着精神获胜并在职业生涯中取得更多成就之间的冲突。你好强的天性吞噬了你，消耗了你的时间，同时也挑战了你的统一性，而统一性会让你的生活保持平衡，并告诉你是否对自己诚实。

你进一步反思，并且问自己："我的选择正确吗？为了事业成功或者赚更多的钱，我是否做出了太多的牺牲？我是否为达到某个目的而放弃了太多的生活？我在做我想做的事、我热爱的事吗？我是否被正确的理由和正确的目标无情地驱使着？如果是这样，我付出了什么代价？我真的快乐吗？"

很快，你就会回到现实生活中：你曾经在哪里，你现在在哪里，你将要去哪里。有那么一瞬间，你被悔恨的情绪裹挟了，你的脑海中全是你做过的事、希望做的事和不希望做的事。但是，你会意识到自己可以改变一些事，你可以掌控自己的生活，生活远未结束。所以，你开始思考需要做些什么改变才能让生活更充实、更有价值、更有意义。你可能会想："生命太短暂了；我需要花更多的时间与我的家人和朋友在一起；我需要花更多的时间和我的孩子们在一起；我需要更好地照顾自己和生命中的人；我需要做更多的能给我带来快乐、灵感和成就感的事情，我必须停止如此辛苦地工作；生命是如此脆弱，没有彩排，我现在要好好利用它；我需要分清轻重缓急，改变耗时最多的事情，专注于我的核心价值观和最重要的东西。生命是如此珍贵、如此脆弱，又是如此美好。"

在葬礼上那悲凉而真实的时刻，你的内心却是平静的，思绪万千但清晰有序。

你有了清晰的思路。

你的优先事项与和价值观是最重要的。

你认清了自己的价值，你知道自己需要做什么来对待每时每刻，就像它是礼物一样。

当你决定要把时间和生命投入到更有价值的事情上时，这种情感触发的自我反思会为你提供一个宝贵的视角。一切都是有意义的。你很平和，感觉自己完全活在当下，与你的价值观和优先事项紧密相连，你比以往任何时候都更加投入。

然后，你离开了葬礼，你的电话响了或你收到了一条短信——你马上回到了原来的生活中，专注于你接下来需要做的事情：下一个项目、最后期限和销售。当你体验过的那种清晰的时刻成为过去式，你会被其他事情所占据，除了当下。现在，你选择让压力、任务和责任把你从这一刻和你内心的平静中拉出来。

但不要失去希望。讽刺的是，完全活在当下，专注于现在，这是一生的旅程。我们需要有意识地去留意那些目标、恐惧、压力以及会把我们拉回到过去、推向未来、让我们远离当下最重要之事的情况。

我并不是说实现可衡量的、有价值的目标不重要。我们需要平衡两者，留意这两个矛盾同时存在的事实。

活在当下也是很具有挑战性的，尤其是当我们面临如此多的事情时。在我们有限的时间里，有太多的优先事项需要处理，以至于我们可能会有些不知所措。

然而，我们不再能以一个孩子的视角来看待生活。在孩子眼中，一切都是新鲜的、令人兴奋的，每一件事都会使他们成长，值得他们学习。我们会因为自己的经历而变得强大。我们用自己的经历来定义自己，有了自己的生活准则，却忘记了我们需要不断挑战它们，看看它们是否还能服务于我们。我们把过去的经历投射到未来，相信以前的经历预示着什么会再次发生。

我们忽视了什么？当下。

教练是一门创造新的可能性的艺术。如果你没有活在当下，你可能就无法创造新的可能性或积极倾听。你没有活在当下是因为你执着于未来的目标，或者困于过去，假设同样的结果，这会产生破坏性的自我实现的预言和冗余的、平淡无奇的结果。

活在当下，成为过程驱动者

如果你想知道结果驱动的心态对沟通和教练有何影响，以及当你转变你的思维方式而成为一位过程驱动的思考者时会发生什么，请你看看以下两类问题。

第一类是以结果驱动的问题。

- 你确定哪些事情可以在本月内完成？
- 我们必须做更多的事情来销售，而不仅仅拜访客户。
- 为了能见到管理层，你给他们打了多少电话？
- 我们能按时完成那个项目吗？
- 你每天打多少电话？你安排了多少次会议？
- 你的销售漏斗和预测准确吗？这个季度你可以完成多少任务？

第二类是以过程驱动的问题。

- 你以前是如何处理这种情况的？
- 你会采取什么步骤来解决这个问题？你打算怎么做？
- 跟我说说你最近和那个人的谈话。
- 你会问哪些具体的问题来验证每个机会？
- 当你打电话给客户时一般都会怎么说？

当你转向以过程驱动后，你会提出更好的问题，焦点也会转移到过程上——如何、谁和策略，而不是结果。你也会更加专注于当下，而不是过去和未来。因为过程就在当下，结果存在于未来，而你活在当下，也就是说，你正在面对与你谈话的人。如果你没有活在当下，可能就会发生以下情况：

- 你不会认真倾听或全身心投入；
- 损害了信任；
- 错过了教练时刻；
- 使假设和评估产生差距；
- 让你在实现个人价值、完成优先事项和提高生活质量的过程中耗费更多的时间和金钱。

不活在当下就意味着错过了最重要的一切。

摆脱以结果驱动并不容易。当你在谈话中加入了自己的意见时，你可能会：

- 限制了创造新的或更好的可能性、使解决方案或结果浮出水面的能力；
- 有选择性地倾听，阻止其他人对你和谈话做出贡献；
- 不尊重他人的观点，从而使他们无为；
- 使信任受到损害。

请注意"作为"管理者和"成为"管理者的区别。信念比经验更重要。为了摒弃以结果驱动和创造更多的可能性，你需要活在当下。这是一个内心与外在的、战略领导力的对抗，以及你是谁与你做了什么之间的对抗。最终，你如何想决定了你会做什么，你做了什么决定了你得到什么。

如何活在当下

你的日常压力和责任都不会消失。业务目标和销售指标是无法逃避的。总会有一些事情摆在你面前,它们会把你引向未来,让你分心,让你沉浸于过去,把你的视线从你最重视的东西上移开。

我们都是结果驱动型企业文化的受害者。这种环境迫使你去追求结果,专注于未来,活在未来。可悲的是,这会消耗你的生命。

现在,你有一个选择。我并不是说你可以控制结果、你的责任或事情的结果,我的意思是,你总是可以选择如何应对每一个人、每一项挑战和每一种情况。

我很幸运,从小就被教导要遵循决定生活质量的普遍规律。也就是说,决定你是谁、决定你的生活质量的不是生活中的某件事,而是你选择如何应对它们。

你能从中学到什么?你要如何有效地活在当下,全身心地投入正在发生的事情,同时留意接下来会发生什么呢?

有一些事情能向你展示"当下"让我拥有的力量:无论我在哪里,当房间里有不超过 50 个人时,在我开始讲课的一个小时内,我可以记住每一个人的姓名,而无须借助名片,其中还包括外国人的名字。当被问及我的秘诀是什么时,我只是说:"活在当下。在与你接触的那一刻,我只关注你。我是在接受你,而不是在评判你。"

无论在生活中还是在工作中,我们每天都要关注和留意那些让生活更有价值的日常小事。我们会在一生中不断地接受考验、得到教训。我希望现在就得到教训,否则就太晚了。

现在,就看你了。今天你会做什么选择?

拥抱多元化,放弃绝对思维。着眼未来,活在当下。

陋习 5:一次对多项差距进行教练

几年前,我在意大利米兰为谷歌公司的一个管理团队举办了一次教练工作坊,当时，我们遭遇了当地有记录以来最大的一次暴风雪。四英尺[①]厚的积雪并没能阻止这些管理者参加第二天的领导力培训课程。我们进行了一对一的实战演练。这与角色扮演不同。在角色扮演中，一个人会扮演另一个人的角色，按照那个人会采取的行动行事；而实战演练则是真正的教练，即围绕一个实际的问题或目标进行真实的、实时的教练。

当这些管理者互相教练时，我旁听了两位管理者的谈话。这位正在进行教练的管理者在遵循 L.E.A.D.S. 教练框架方面做得很好；然而，在评估阶段，她似乎认为她必须了解情况的每一个细节。虽然掌握这些信息非常重要，但是当她进入"定义"步骤时，挑战就来了。

她只问了一个问题就发现了差距。当我事后问她时，她说："这个问题让我想到了一个教练时刻。但后来，我想知道通过问更多的问题我还能发现什么。我问的问题越多，发现的差距就越多。我被'杂草'缠住了，不知道该如何继续走下去！"

这位管理者成功地纠正了错误，直到她进行了过度的教练。有时候，只需要一个问题就能揭示出教练时刻或发展机会。

一次只就一个差距进行教练

最近，在我和一位管理者交谈时，他告诉我："在我与一位销售人员进行的一个小时的电话教练中，原本有很多话题要讨论，但我们只讨论了第一个。"

尽管我希望这是真的，但是世界和平和饥饿问题并不是一个小时就能解决的。不管你有多少工作要做、你有多少优先事项，你的日程安排和教练日程表上的每件事都是如此。你不可能在一个小时内解决所有的问题。

在一对一的教练课程中，合适的做法是完成一两个话题，而不是开启多个话题，最后一个都没有落实。安排过多的议程会分散团队的注意力，使人们犹豫要优先考虑哪些任务和项目。

---

① 1 英尺 ≈ 30.48 厘米。——译者注

在埃及开罗，我有过一次难忘的经历，那就是骑着骆驼参观了金字塔和狮身人面像。你知道吗？直到今天，他们仍然在挖掘和寻找有数千年历史的文物。我的观点是：如果你持续使用教练式提问来不断地深入挖掘，你将不断地找到其他差距和教练时刻，这会打乱整个教练进程，如图 12-2 所示。

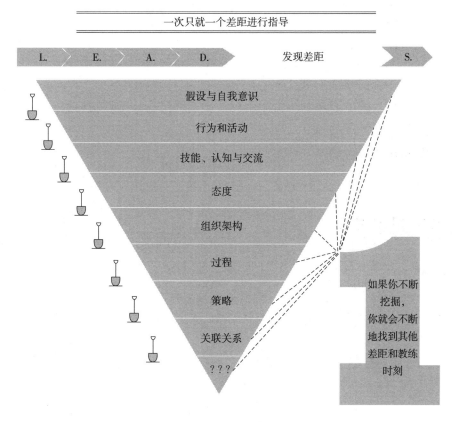

图 12-2　一次只就一个差距进行教练

陋习6：反复发问

这是一个你必须遵守的礼仪：在聚餐时，如果你用已经咬过的薯条重复去蘸果酱，那是非常不合适甚至有点恶心的（除非你一个人用餐或与一个不嫌弃你的人一起用餐）。这些礼仪和社会准则同样适用于教练工作。一次只问一个问题，直到学员完全回答了再问第二个问题。否则，问这个问题有什么意义呢？

> 如果你是主动倾听，那就让每个回答都成为下一个问题的灵感，引导谈话的进行。

要最大限度地发挥每一个问题的效果，不要反复问。你肯定不想让别人觉得你是一位无礼的、令人讨厌的教练。

在任何谈话中，一次只问一个问题。当你反复提问并且一次提出不止一个问题时，可能会发生以下情况：

- 人们没有回答任何一个问题；
- 他们会选择性地回答其中比较容易回答的问题；
- 他们会回答你没问过的问题；
- 他们会给出模棱两可的答案。

因此，教练可能会偏离方向，并朝着结束前进。你和你的教练没有沿着一条路走下去，而是停在十字路口，不确定该走哪条路。如果有需要，将第二个问题留到下一次吧。

所以，如果你发现自己在两个问题之间犹豫不决，与其同时问两个，不如从中选一个。如果你需要问另一个问题，不用担心，你总是有机会的。尊重这种教练规则可以让你在单行道上取得突破。

陋习7：教练是为失败者准备的

在你读这本书之前，你是如何为你的团队设定教练预期的？你的教练只面对那些表现不佳的人和有问题的人吗？你是否只在发现问题后才进行教练？你是只根据绩效和行为进行教练吗？

在很多情况下，管理者在教练时传达了这样的信息："表现不佳的人请起立！这是你们改变自己的机会！"这样的教练无法创建一种能够让每个人都愿意接受教练的氛围，只会产生管理者想要避免的阻力。例如：

管理者：我不明白为什么表现好的员工拒绝接受教练。

教练：请跟我分享一个典型的教练经历……

管理者：我通常是在有问题出现时才开始教练……

教练：请告诉我更多的……

管理者：当问题升级时，我就会介入。所以，我把大部分时间都用于教练C类员工，因为他们是最需要帮助的人。

如果这就是管理者定位教练的方式，那么试想一下，如果你是一位表现优秀或良好的员工会如何？你发现你的经理只教练那些表现不佳的员工，所以当他试图让你接受教练时，你自然会有抵触情绪。如果管理者把教练视为一种策略、补救方法或惩罚，并且只针对那些表现不佳的员工，那么优秀的员工就肯定不愿意被归入这一类别并接受教练。

不要形成这样一种错误的认识："我教练你是因为你已经有问题了，需要改进。"

为了避免出现这种误解，教练必须被定位为每个人职业生涯发展的重要组成部分。因此，每个人都应得到持续教练。当教练到位时，每个人都会发现其中的价值，并希望得到教练。要让人们知道教练是为精英、冠军和明星准备的，更重要的是，教练是为你最关心的人准备的。

每个人都需要教练

对我而言，有些公司或组织对于教练的无知达到了可怕的程度。有一次，我听到一位管理者问我："我们必须把这称为教练吗？"是时候重新对教练进行定义了。

你可以把它称为吃饭、跳舞或滑雪，但本质上，它是一种教练。你可以不进行教练，或者你可以通过一次动员谈话来重置对教练的认识和预期。它可以像一次团队会议或一对一的会议那样简单，同时动员人们制定一个新的教练定义。如果每个人都能接受这个定义，就会使教练成为所有人的一种新的、有价值的经历。

陋习8：寻找完美的教练式提问

塔拉和迈克尔的教练式谈话已经进行了大约五分钟。塔拉非常愿意接受教练，而迈克尔也遵循了我们制定的 L.E.A.D.S. 教练框架。

迈克尔问了塔拉一个非常棒的教练问题，塔拉回答了。但迈克尔还在继续问，一个问题接一个问题。几分钟后，我打断了谈话，问迈克尔："你能把谈话往回倒三分钟吗？你问了一个很好的问题，塔拉回答得很清楚，你谈到了她需要改进的地方。你还记得吗？"

迈克尔显然不知道我指的是什么。当我提醒他回想他问的问题以及听到的回答时，他喊道："基思，我不记得我问了什么，也不记得我听到了什么回答，我太专注于下一个我要问的问题了！"这是一个在倾听和教练时的教训。

- 没有完美的教练问题。如果一个问题不管用，就换另一个！
- 如果你把注意力集中于下一个问题，你就无法主动倾听了。如果你没有听，那么提出这个问题还有什么意义呢？
- 你会错过一些有价值的教练时刻，也会因为你认为谈话应该朝着什么方向进行而打断谈话。
- 你想让教练按照你的想法进行，并显示出你有多优秀，而不是贬低自己，按照学员的意愿进行。
- 最好的教练式提问来自你的内心，而不是你的头脑。

当你关注的是未来的结果或想要发生什么，而不是当下永不满足的好奇心以及主动地、有意识地倾听的时候，也就没有可能创造新的可能性了。

寻找完美的教练问题会导致失败。完美的问题存在于你的内心中，你可以问的问题没有数量限制。所以，只有摆脱你的完美主义，才能像真正的教练那样教练别人。

陋习 9：过分在意

每个人的绩效预期都是不同的，而且这些预期在很大程度上是不可协商的。根据职位描述，一个人被安排到他的岗位上是为了有效地履行其工作职责。然而，我们要尊重和教练的是每个人的个人目标和动机，而不是我们为他设定的目标。

你不可能比别人更关心他们的工作。否则，你只是在实施自己的计划，你对别人想要的比他们自己想要的或者他们现在准备要的更多。即使你的意图是好的，也可能会办坏事。

陋习 10：谁都可以被教练吗

墨西哥项目结束的第二天，我请百事公司的每位经理在结束课程的一周后给我发一份报告，提供有关他们动员团队开展教练工作的最新情况。

十位经理中有九位表示他们非常成功。然而，一位经理给我发邮件说："基思，你不会相信的，我的团队里没有人可以被教练！"

我很快就意识到这个问题与团队无关，而是与这位经理有关！很明显，责任在于管理者，他需要找到一种更有效的方法来重新动员他的团队，这种方法可以让人们形成愿意接受教练的参与感和认同感。

我的观点是，要使教练工作有效，只需要做一件事，那就是有想要变得更好的愿望。如果每个人都有这样的想法，那么你就可以教练他们，并对他们产生积极的影响。想知道我提到的那位经理的情况如何吗？别担心。他负起了责任，并成功地重新对他的团队进行了动员。

陋习 11：替学员回答问题

我曾见过一些管理者在谈话中问了一个很好的问题，但最后却自己做了回答！在教练时，不要回答自己的问题了！如果你这样做了，就不需要学员了！

管理者常掉进的另一个陷阱与他们问的问题无关，而与他们从学员那里得到的回答有关。我曾听到管理者问了一些很不错的教练问题，但他们并没有得到学员的回应。然后，他们继续问下一个问题或回答自己问的问题！我认为这完全可以被视为自我指导。然而，当我打断教练过程，问管理者学员是否真的回答了他的问题时，答案总是"没有"。如果是这样，很简单：再问一次这个问题。

想象一下，如果销售人员忽略了自己发现的问题，而当他们再次推销商品或服务时，他们就很有可能会遭到拒绝，这是因为他们没有解决问题。

陋习 12：经常被"我不知道"和"我什么方法都试过了"困扰

管理者似乎经常会从同事、客户和直接下属那里听到两句话。

1. 我不知道

"我不知道"是什么意思？它可能意味着：

- 我真的不知道；
- 我知道，但我不想告诉你；
- 我知道，但我不敢告诉你；
- 我知道，但我想让你告诉我该怎么做；
- 我知道，我想和你确认一下；
- 我有一个想法，但不是百分之百确定。

当面对"我不知道"时，你有机会做出以下选择。

- 自己给出答案。（恭喜你上钩了。）
- 问这个问题："如果你知道，会是什么？"（是的，这听起来可能是一个荒谬的问题，但它确实有效。只要板着脸说出来，并且准备好回答。）
- 使用 60 秒指导策略，因为每个人都有自己的观点。

后两种选择创造了一个教练机会。

2. 我什么方法都试过了

当你听到这句话，你的反应是什么？继续你的谈话或在演讲台上继续展示你的权威？你觉得他们真的什么都试过了吗？你认为他们是按照最佳实践来做的？或者你认为他们的做事方式和你一样？你这样想可以让自己心安理得。

这样的表态没有实际意义。尝试所有方法是不可能的，特别是在教练和沟通方面。我很遗憾地告诉你，你还没有尝试过所有方法。

虽然这可以阻止对新想法的探索，但它开启了创造一个新的教练时刻的谈话。你可以这样回答："当你说你已经尝试了所有的方法时，你能否具体地说一下你到底做了什么尝试以及你是如何做的？""当你做……的时候，你具体做了什么？如何做的？""当你与……交谈时，你说了什么？"这些问题包括了教练工作的最佳实践，以及关于教练措辞、假设、语言以及一次只就一个差距进行教练的原则。

"我不知道"和"我什么方法都试过了"是转移注意力的策略，别上钩。你可以用教练的方式抽丝剥茧，以找到根本原因。千万不要对你的教练说"我做过那样的事"或者"这根本行不通"，这都是一堆废话。在你尝试之前，不要假设某件事不会成功，尤其是这本书中提出的教练方法和教练问题。

陋习 13：认为自己是大师级教练

这段经历发生在加拿大多伦多的美国运通公司（American Express）的区域办事处，经理的自尊心使他在团队中经常故作姿态，原因是他对自己的脆弱和不完美有些恐惧。

大多数情况下，人们都会想象成为一位伟大的管理者意味着什么。因此，一些管理者认为，如果他们表现得不够完美，或者不知道管理者应该知道的事，他们就会表现出某些弱点。

当我提到这一点时，很多管理者会说："如果我让我的员工知道我只是在学习如何教练他们，实际上就是承认了我还不懂得如何有效地教练他们，而这是我作为一位管理者应该知道的事情。我不能让我的员工知道这些。分享这样的信息肯定会让我名誉扫地。"

让我们沿着这种思路继续思考。你在团队中把自己定位为大师级教练，即使你还在学徒阶段。你的团队认为你是大师级教练，并期待你的教练会带来巨大的价值。让我们看看你的第一次教练互动。

当你没能达到预期，或者第一次教练式谈话完全没有效果时，你向团队传达了什么信息？如果你现在自称为大师级教练，你就不应该有任何失误，也没有纠错的空间。

然后会发生什么？你的员工现在认为教练是没用的，或者你是一名糟糕的教练！你认为你的员工会期待下一次互动或教练课程吗？

此外，当管理者真的认为自己知道如何教练，却发现他们的教练是无效的或者遇到了阻力的时候，我经常发现管理者在评估这样局面的时候并不是说"也许这种教练比我想象的重要，是时候重新评估我的方法和技能了"，而是说"这不是我的问题，而是教练工作的问题。教练对我、我的团队、我的公司都不起作用"。

然后，教练工作会被认为是消极或无效的，教练的形象也会受到严重损害。实际上，教练的价值会因为错误的定位和应用、不合适地设定预期以及主观的、不准确的假设而受到质疑。

你需要检讨自己，并坦然地承认"我不知道"而不是"我知道"。"我知道"会让人们成为首席问题解决官；"我不知道"会激发人们思考如何成为一位伟大的教练。如果你不理解，你就尝试去理解，这样可以创建信任、互惠和更好的结果。

陋习 14：对教练失去耐心

如果你重新审视我们讨论过的各种不当的行为或做法，你就能找到你失去耐心的根本原因。

这并不取决于你的员工是否能接受你的领导风格、沟通方式或你的行为和思维方式。管理者的工作必须适应其团队和团队成员。

教练的核心原则之一是尊重并培养每个人的个性。如果你能足够关心和重视每个人的个性、优势、思维方式、沟通方式、技能、目标、价值观、动机、喜欢被管理的方式和他们在公司的位置，你自然就会变得更有耐心，这是顺其自然的结果。

然而，如果你按照自己的想法进行教练，或感受到了为了更快得到结果而施加给自己的压力，那么你可能就会失去耐心，"应该做……"就会开始出现，指令型管理者出现了，信任也随之受到损害。

找回你的耐心

管理者会与我分享他们失去耐心的很多原因。我会告诉他们:"你不会再失去耐心,因为你有了一款全球定位系统(GPS)来保持耐心,现在你可以随时追踪它、找到它,并把它找回来。"

回想一下你上次可能有点不耐烦的情形,现在停下来问问自己为什么。以下是我从管理者那里听到的一些典型的回答:

- 我已经知道答案了;
- 不停地问问题太浪费时间了;
- 他们反应的速度不够快;
- 我没有时间;
- 他们不理解;
- 他们应该已经知道这些了;
- 我的引导性的封闭式问题使谈话朝着他们想要的方向发展。

而以下这些是管理者不会与我分享的内容:

- 如果我问了一个问题,我就会失去控制权;
- 如果我没有答案怎么办?
- 如果这种情况永远持续下去会怎样?
- 如果我们没有找到正确的解决方案怎么办?
- 如果他们认为这没有价值怎么办?
- 既然我的策略有效,他们就应该听我的,为什么还要教练?

这种态度正是导致你失去耐心的根本原因。

不要再失去耐心了

你的耐心依赖于你的思考。耐心不需要外在的改变,只需要内心的改变。

在教练式谈话中,你要么百分之百地专注于对方,要么没有。你已经决定了这次谈话的结果,你可以从以下两种不同的说法中选择一种作为开场白:

- 我已经知道了;
- 我不知道。

让我们顺着这两种说法得出结论。

- 我已经知道了。→我不奇怪，因为我已经知道答案了。→我已经知道他们需要的，所以我不再听。→我要关注未来需要做些什么，我不能再活在当下了。→我要问一些问题，但假设大部分都是现实。→他们还是不明白。→我还有其他事情要做。→我会停止提问，直接给出解决方案。→给出同样痛苦单调的答案。→失去信任。→教练过程终止。→教练与学员因为一次无用的谈话不欢而散。
- 我不知道。→我很想知道。→好奇心让我活在当下。→在那一刻，我可以有耐心。→如果我有耐心，我可以有意识地倾听。→我会问相关的问题，收集所有的事实，而不是假设。→信任和教练的价值得到强化。→共同创造更好的成绩。→教练和学员因一次高价值的谈话受到了鼓舞和激励。

耐心之道

以下是一种保持永恒耐心的方法：不做任何假设 / 判断 / 安排 + 活在当下 + 过程驱动 + 永不满足的好奇心 + 积极倾听 + 有意识的教练问题 = 培养一位优秀教练永恒的耐心。

耐心是你给予他人的一份礼物。没有它，你在教练工作上做出的所有努力都将付诸东流；没有它，你就失去了教练的核心能力，尤其是积极倾听的能力。

没有耐心是由于你无视当下。这表示你没有从自己的结果和预期中脱离，而是把全部注意力都放在了学员身上。一切顺其自然，避免咄咄逼人，也不要急于求成，否则极易破坏信任。

当你放弃自我服务的计划时，你会发现自己自然会更有耐心，更享受教练过程，并更容易获得你想要的结果。

陋习 15：不尊重领导力的基本准则

如果你已经读过我的两本有关教练的书籍和我的博客，那么领导力的基本原则可能已经深深印在了你的脑海中：一直教练。但不要忽视以下这些领导力的核心支柱：

- 一直教练；

- 同事间的教练；

- 经常动员。

当这三个核心支柱以一种自然的、互补的、有凝聚力的方式结合在一起时，接下来会发生什么呢？非凡的结果，难以置信的结果，还是前所未有的结果？你可以将它称为奇迹，尤其是如果你曾经有过这样的员工——在他们成为销售冠军之前，你差点把他们解雇了。

毫无疑问，避免这15种教练陋习将为你带来更大的个人和组织的成功。然而，当教练带来的兴奋感占据主导地位时，随之而来的问题是如何平衡教练工作和其他职责。在第13章中，你会看到六种策略，这些策略可以让教练工作成为像呼吸一样自然的事。

Sales Leadership
The Essential Leadership Framework to Coach Sales Champions, Inspire Excellence, and Exceed Your Business Goals

13

文化转变：坚持教练的习惯

在等待登机飞往新加坡时，我遇到了一位几年前曾教练过的学员。我问她她的销售团队和业绩情况如何。

她说："基思，情况终于好转了。"作为一名教练，我不由自主地问道："为什么？是什么改变了？"

这位经理的回答在现在仍然很少听到，她答道："因为我越来越好了。"

这是一位成功管理者的思想境界。如果你想让你的员工改变，如果你想让他们有积极的态度，并且变得更负责、更透明、更忠诚、更有合作精神、更有动力、更虚心、更无畏、更关心他人、更高效、更有灵感、更专注、更有组织、更具创新性……那就从你开始改变。这是个好消息，因为创建一支冠军团队和一种教练文化完全取决于你的能力。

你是否在模仿你希望在别人身上看到的行为？每天早晨，看着自己的眼睛，许下承诺：你今天能做出这样或那样的改变或改进，能对他人产生积极的影响并帮助他人成功，同时还能建立你引以为傲的个人形象。

如果你想让别人更有价值，首先就要让自己更有价值。这是你的选择。

培养教练习惯和坚持教练文化的六个策略

现在，你如果已经具备了以下条件：引入 L.E.A.D.S. 指导框架所需要的一切；动员你的团队参与教练（E.L.A.D.S.）；安排时间对团队中的每个人进行动员；开展第一次教练和观察课程；发现团队成员喜欢如何被激励、被教练和被问责；像变革型领导者那样思考；让每一次谈话都成为教练式或动员谈话。

恭喜你！你拥有了建立自己的冠军团队，并成为一位卓越的管理者和教练所需要的一切！

以下是一些可以确保你的教练工作产生可衡量的投资回报的策略。这些简单而有效的策略将有助于你坚持你的教练文化，以激励公司和团队的持续发展。

教练必须保持其作为持续的优先事项的定位。你需要有一个坚实的结构来保持你现在就开始的势头。以下有六个策略，你可以立即实施，以驱动并保持积极的变革，建立全公司的问责制，并避免再次出现效率低下和基于恐惧的、以结果驱动的文化。

同事之间的教练

当参加一场真实的、同事之间的教练课程时，管理者总是惊讶于谈话为何变得更好，以及当他们完全投入并对学员说的话感兴趣时的感受。他们发现自己分享了比以往更多的信息，因为他们有空间来解决一个问题，得出一个新的想法和解决方案，或者一个他们认为不可能的结果。

这就是我每次在结课时都会这样总结的原因。

看看坐在你左边的人，再看看坐在你右边的人，他们都是你的同事。在我们共事的时光里，他们与你有着同样的挑战和目标。他们也向往职业生涯的成功，希望找到在组织内合作以及与其他团队合作的最佳方式。由于教练，他们收获了实用的、有价值的策略和更健康的思维方式。还有那些致力于成为教练的人，他们足够关心激发别人和自己的最佳状态。同样是这些人，他们在课程中感到了被倾听、被认可。

你是黏合剂，并将最终决定教练文化在你的企业文化中生根发芽、蓬勃发展，并健康成长。如果你想创造一种欣欣向荣的文化，那么改变就从你开始，从管理者开始。这就要求你们每个人都做出无条件的承诺来持续地互相教练。

这是你的教练时刻，管理者懂得他们必须确保教练文化在团队和公司中得到持续。但他们很少会静下来设身处地为学员着想，更不用说接受同事的教练了。

每位管理者都需要围绕对教练文化的统一认识设定预期，然后教练他们的团队走向成功。同事之间的教练也是如此。除了继续教育、培训、视频、网络研讨会或在线课程，教练还会不断培养你的敏锐度，这是决定你成功与否的基本技能。

不管你的职位是什么，你能利用的教练资源都近在咫尺——你的同事。

当你接受教练的时候，你会接触到一种你从未考虑过的、全新的、不同的视角和方法。这个人了解组织的情况，或者来自不同的部门。此外，在很多情况下，你都将得到确认，你已经在做最好的事情了。

做负责的伙伴

如果没有同事之间的教练，公司可能就会产生巨大的成本。我知道有很多管理者因为没有有效的动员或者教练效果不佳而受到直接下属的拒绝。

作为管理者，如果你不能与同事建立一种坦诚互信的关系，你怎么能期望你的团队也这样做呢？如果你不信任同事来教练你，想象一下，当你教练你的直接下属时，他们会有什么反应。

当管理者与同事建立起信任关系时，真正的教练文化就会蓬勃发展。其他人会注意到你，尤其是你的直接下属。他们会认为："我的老板正在向另一位经理寻求帮助和教练？如果他们看到了教练的价值，也许以后我也要更好地利用教练机会了。"

现在，你的同事和下属开始互相教练和支持。这也包括让你的直接下属教练你。这只能发生在教练文化中。在这种文化中，你们互相支持，强化最佳实践，并在整个组织中建立起更深层次的信任。

跨团队教练与观察

除了必须经常观察团队的情况以外，一些管理者还为其团队创造了一个机会，让另一位管理者来教练和观察他们，因为他可能会有不同的视角。

这种情况下，另一位管理者可能会用与你不同的方式与你的团队成员建立联系。要做到这一点，就必须要经过动员谈话，并设定明确的期望，这样他们就能清楚地知道这样做会给他们带来什么好处。

每月组织教练心得分享会

当谈及创建教练文化时，为了最好地维持你的管理团队、销售团队和其他部门想要的变革，安排每月一次的现场或电话会议是很有必要的。团队会议只需要关注教练的结果、经验、挑战和发展的机会。这可以让每个人都能始终如一地进行教练，同时也能从同事那里获得不同的观点和最佳实践，从而提高自己的教练水平。

你不仅可以分享经验，提高自己教练能力，也有机会从你的同事那里得到教练和支持。

如果如此重要的分享会没有出现在每个人的日程表上，那么它可能永远都不会实现。

找到自己的教练

为了强化最佳实践，发展理想且平衡的生活，尊重自己的价值观和优先事项，在工作中保持冠军地位，每一位员工和伟大的教练都会雇用私人教练来促使他们不断发展，同时解决同事间教练无法解决的问题、恐惧和挑战。

正如甘地所说："欲变世界，先变其身。"

即使是最好的教练也需要一个负责的伙伴和倾听者，以使他们认识到自己的不足，专注于实现自己的目标。

培养教练文化的布道者

我有一位希腊客户，他在自己的团队中创建了一个教练文化联盟。这个联盟是一个志愿者组织，每个人都要负起责任去维护已经形成的教练文化。该联盟旨在确保教练实践在团队中持续进行，并为特定团队分配相应的教练。

联盟的负责人不一定是团队领导。他应该是一个热衷于教练别人的人，并愿意鼓励所有同事接受和提供教练，坚持公司和团队的愿景。

利用各种技术或建立问责制

技术发展太快，我难以对此发表评论。当你读本书的时候，互联网上可能会出现新的平台来支持教练工作。有很多教练平台提供了更高的能见度。然而，大多数平台都被简化为客户关系管理工具（CRMs）。因此，你最好使用当前的CRM来管理教练过程。

即使你找到了一个平台并整合到公司中，在大多数情况下，当一个教练时刻出现时，你也并不一定会有可以使用的教练内容、技巧和资源。我每周至少会接到一个电话，询问是否可以把我的教练内容嵌入他们的平台中。

虽然我的教练内容如果被正确应用，就将会对教练工作起作用，但是还有其他工具来管理教练过程、跟踪进度、验证价值和结果呢？

如果你回顾教练工作准备表和教练行动计划（第5章），并将它们与OneNote这样的程序结合起来使用，其实那就足够了。

如果你想跟踪进度、衡量结果，你可以回顾教练工作准备表和教练行动计划，就很容易确定学员通过教练实现的个人成长和结果。

如果你要去创建一个教练平台，你只需要确保这个平台可以补充你的CRM就可以了。如果它太烦琐，而且教练和学员都难以明确它的价值，它能否被采用就只能靠运气了。

在注册和使用教练平台之前，你可以先从教练行动计划和教练工作准备表开始。几个月后，你会发现它们就是你所需要的一切。

Sales Leadership

The Essential Leadership Framework to Coach Sales Champions, Inspire Excellence, and Exceed Your Business Goals

终极转换

我们在爱尔兰都柏林结束了为期两天的领导力教练课程，这个课程是为整个欧洲、中东和北非地区的甲骨文（Oracle）领导团队所准备的。当我们在交谈聆听彼此分享自己的顿悟时，一位经理说："基思，我完全相信教练的作用，培养这种技能非常重要，它能有效地教练我的员工，让他们发挥自己的才能和天赋。我一直在努力学习如何教练。"

我还没来得及回答，另一位经理就插话说："等等，你需要调整观点。你不应该想如何在原有的职务外去适应教练工作，而应该想如何在教练工作外再承担起其他职责。"

这是管理者需要做出的根本转变，即将教练作为你的首要任务。你需要扪心自问："一个月后我想达到什么目标？三个月后呢？一年以后呢？"

你过去所做的选择成就了今天的事业。你今天所做的选择将创造你明天的生活和事业。

对于任何新的事物，你可以在最初阶段使用教练框架，尝试着提出正确的问题，慢慢培养教练所必需的耐心。当你成为一名合格的教练之后，这些已经成为你的一部分。优秀的教练无须在头脑中刻意构思，它已然成为你身体的一部分。

在我们一起接近旅程的终点时，不妨思考一下这个问题：你为什么想当管理者？这是我们开始转型之旅时我问你的第一个问题。

现在回顾一下，是谁创造了团队中的文化？——这是你所做的。一切尽在你的掌握之中！

不要忽视这样一个事实：创建教练文化是你的责任，培养冠军团队是你的选择！

现在你可以享受自己的职业生涯，教练别人会让他们获得更大的成功。当这种情况真实发生时，你发现你的工作非常令人满意，是的，实际上是令人陶醉的，你现在正在用心并习惯教练和沟通！你不再需要考虑是否可以教练别人，因为你天生就是这样的人。

许多管理者对此的反应是："基思，我在一家跨国公司工作。我们是一个以结果为导向、以指标为导向的组织。事实上，每一家公司都是如此。如果你在一家大公司工作，想要改变一种文化就像要改造一艘战舰，尤其是我正管理着一个由50名销售人员组成的团队！这让人感觉力不从心。"

一位管理者能改变世界吗？世界之所以会改变靠的就是他们。你还记得如何改变一种文化吗？你如何教练和培养冠军？

一次只与一个人沟通，一次只谈一个话题。

你当管理者多久了？有很多销售人员和领导者，虽然他们可能在自己的岗位上工作了20年，但不一定有20年的经验。更常见的是他们只有一年的经验，只不过重复了20年！如果你从来没有学会如何有效地进行教练，那么你就只是在职业生涯中重复低效、平庸的习惯而已！你不可能在一个星期内改变20年的习惯或者掌握教练技能。给自己至少两周的时间成为一名教练。实际上，你至少需要一年的时间才能获得教练"黑带"。

如果你已经读到了这里，接受了所有的内容，并致力于改变思维和领导风格，那么我会为你鼓掌。你值得被动员，因为你是一位坚定的管理者，注定会取得伟大成就。

相信这一理念会让你在团队中创造出你想要的改变，因为不管你的文化如何，员工每天都会与你互动。

你在团队中创建了你想要的文化。这都是你的力量：成为精英领袖；脱颖而出；发挥影响力；意识到自己是谁；培养了团队的忠诚度，使团队致力于革新；高瞻远瞩；潜移默化地带来改变。如果你遵守这些最佳实践并养成了教练的习惯，你将作为一个非凡的领导者而永远被铭记。

就我个人而言，我将永远记住对我的生活产生了决定性影响的人，其中之一就是伟大的齐格·金克拉（Zig Ziglar）。在得克萨斯州达拉斯市的办公室与他和他的儿子汤姆共度一天是一种荣幸。我们在 2009 年做了一系列的访谈，现在你仍然可以在我的博客上找到。

时间快进到 2012 年 11 月 28 日。我在丹麦哥本哈根的街头闲逛，当时我刚刚离开腓特烈教堂（又称大理石教堂）。夜幕开始降临，空气中弥漫着一层薄雾。当我继续闲逛时，我收到了一位销售主管的短信，他说："我知道金克拉对你的意义。我有个坏消息，他今天去世了。"悲伤立刻吞噬了我。这个世界遭受了巨大的损失，我失去了一位导师、一位榜样和一位朋友。齐格过去是，并且将来也继续是指引我的灯塔，是我帮助他人成功的榜样。泪水顺着我的脸流下来，我想起了齐格曾经对我说过的话："基思，你生命中最重要的两天是你出生的那一天，以及你找到生活目标的那一天。"

我很感激和齐格在一起的那些珍贵时刻，他的形象超越了导师，他是我心目中人性的冠军。

现在，你已经找到了你作为一位管理者的目标，这将释放你最大的潜力，使你成为员工心目中的最佳管理者。祝贺你，这是迄今为止取得的最大成就！请记住，只有改变你的心态，你的行为才会改变。

我所认识的管理者都是高效、积极的沟通者，他们会使用教练的力量来驾驭整个团队。能力和知识储备固然重要，但它们只是管理者应具备的素质的一部分。

也许和许多管理者一样，你开始时走的是落后的老路，学习了错误的领导力。而如今，你将沿着自己开发的道路前行，这条路会引领你走向你的人生目标。

我写本书的唯一目的是，让你超越你自己。我相信，我的激情、意图、承诺、目标是十分明确的。

你自有天赋。我希望本书能点燃你的才华。

16 条教练原则让你成为教练奇才

当你读完这本书时，请牢牢记住优秀的管理者和教练所必须遵循的教练原则：

- 接受改变。改变是可怕的，对每个人都是如此。但是请坚持你的目标；
- 秉持关爱他人之心；
- 经常说"我不知道"，而不是"我已经知道了"；
- 保持耐心；
- 活在当下；
- 专注于你的目标；
- 提供教练他人的内容；
- 少说空话，少提建议；
- 问更多更好的问题，这样你就能评估而非假设事实；
- 保持无私；
- 保持创造性；
- 做一个愿意倾听的人；
- 勇敢、自信、敏感；
- 远离单纯的数字目标；
- 任何人都可以教练；
- 保持纯洁的人性。

最重要的是，做一个真正的人，而不要试图达到完美的状态。

生活中有三件事是我们可以控制的：我们的行为、我们的反应，以及我们的思想 / 态度。而我们却经常试图控制我们无法控制的事情。专注于你能控制的三件事，只有这样，你才能真正掌控你的生活。

> 一个敢于表达自己的人性、恐惧、弱点的管理者，是一个有影响力、鼓舞人心、战无不胜的管理者。一旦你去拥抱你的弱点、恐惧和缺陷，它们就会成为你的力量，还有什么能阻止你呢？

从现在开始，一切都取决于你。不断寻找更好的问题；永远挑战现状；永远不要让任何人夺走你的个人权力；不要放弃自己；永远保持核心价值观，这样才能创造非凡的你。

我是诚心诚意的。感谢你允许我在你成功的道路上有所贡献。如果我达到了这个目的，那么我认为，写这本书就是值得的。

这是写给管理者的能够帮助他们在团队、公司中成功地开展教练工作的内容。这部分内容是与第7章同步的，因为它囊括了实践中使用的所有模板和步骤。

有些管理者可能会仔细阅读这篇文章，并发现花费这些时间是值得的，但也有人更愿意仔细阅读本书。这与你目前的企业文化有关。

1. 第一周：发送教练动员邮件

我建议发一封简短的电子邮件为会议做准备，确定主题，概述会议内容。你可以使用的有关模板请参阅第7章。

2. 第一周：安排一次团队会议，动员团队成员参加教练活动

在会议结束或开始前做一个简短的团队动员。你可以分享经验，比如在销售领导培训课程及本书中学到了什么。你可以使用第7章中的团队动员模板。

让每个人都知道他们将会收到一个邀请来单独讨论这个问题，以制定个人的预期和一致性，这对团队中的每个人都很重要。一些管理者会在演示中使用幻灯片来突出概述的要点（这只是一个建议，并非必须使用幻灯片演示）。

3a. 第一周和第二周：安排单独的会面，动员参与教练

动员教练（可以参见第7章），介绍教练形式，教练行动计划，讨论笔记、情境，教练课程的结构，设定教练和学员的预期，教练的地点，保密措施，沟通平台（电话、面对面、电子邮件、文本等）。你也可以提到关于观察更深入的讨论。

3b. 安排第一次教练课程

将步骤 3a 和步骤 3b 安排在同一次会议上。在当面的动员谈话结束后，安排第一次一对一的教练课程。要确保他们完成了教练准备表格、教练行动计划，设定了他们的目标和预期，因为这将开启你的第一次谈话。

增加教练课程总比取消好。如果你取消教练课程，你的学员自然会有这样的反应：教练并不重要，或者我并不重要。所以，根据团队规模，安排每个人每月一到两次教练实践。正如我们已经讨论的，沟通平台和教练课程数量将根据每个人的情况而有所不同。

> 制定你教练的节奏，并把它列入你的日程表。什么时候安排教练课程？每天还是特定的时间——清晨、中午还是下班后？当面还是打电话？不要拖延，让它成为不可协商的事情，否则就不会发生。这是你的首要任务。

4. 第三周：安排一项激励练习并汇总分析

这两项练习可以合并成一项，与每位学员进行一个小时的谈话。你想要为他们做些事情，所以这也是一次授权式谈话，本着效率的精神，你也可以把谈话内容作为教练课程之一。

请参阅第 7 章中的动员模板和练习。在会议结束时，安排一个后续会议来讨论他们学到了什么。

5. 第三和第四周：探讨动机

按照步骤 4，安排时间回顾练习，这样你就能确切地知道他们的目标、激情、价值观、动机和优先事项。利用第 8 章的问题来帮助他们进行汇总分析，无论是在下一次教练课程还是在单独的谈话时。

6. 第四周：参与观察

你可以在步骤 2 中采用相同的方法。安排一个简短的团队动员环节，然后安排时间在预定的教练课程或单独的谈话上制定规则。使用第 9 章的动式式教练，然后安排你的第一次观察。

7. 执行"执行－持续－转变－结果"的闭环

学习最有影响力的教练和管理者的语言和习惯。一直坚持教练、同事间的教练，经常动员。

北京阅想时代文化发展有限责任公司为中国人民大学出版社有限公司下属的商业新知事业部,致力于经管类优秀出版物(外版书为主)的策划及出版,主要涉及经济管理、金融、投资理财、心理学、成功励志、生活等出版领域,下设"阅想·商业""阅想·财富""阅想·新知""阅想·心理""阅想·生活"以及"阅想·人文"等多条产品线。致力于为国内商业人士提供涵盖先进、前沿的管理理念和思想的专业类图书和趋势类图书,同时也为满足商业人士的内心诉求,打造一系列提倡心理和生活健康的心理学图书和生活管理类图书。

《成为变革领导者》

● 帮助企业管理者提升重要能力,实现从变革管理者到变革领导者的成功转型,以拥抱技术快速迭代、充满不确定性和变数的未来。

● 只有当企业中的每个人都成为变革的推动者,不断提升企业领导者的变革领导力,并根据不同世代员工的特点,激发他们自身变革的意愿,从而自下而上、自发地推动变革,才能实现企业的成功转型。

《微观中国经济之变》

● 11个行业,31个企业案例,从中国经济发展的见证者和参与者的角度解码中国经济的变革之道,以微观之例见证宏观之势。

● 中国的发展离不开经济转型。经济转型的主体是企业,因此要通过深化改革让企业将转型和升级作为根本目标,从而推动和实现产业的升级和转型。

《逆势而动:安东尼·波顿成功投资法》

● 叱咤投资界28年,总投资回报超140倍,曾被《泰晤士报》评选为史上十大投资大师之一的"欧洲股神"教你以逆向进取的方法寻求资本成长的机会。

● 彼得·林奇倾情作序推荐。

《学会销售：销售冠军的刻意练习（第 2 版）》

- 来自 300 多位一线成功销售人员的经验总结。
- 成为销售冠军的必读书。
- 在销售过程中，我们往往会忽视每笔交易中最重要的东西——潜在客户眼中我们能为他们创造的价值以及我们的见解。阅读本书，你将在如何提高绩效、如何发挥影响力、如何了解买家和潜在客户的心理、如何提出解决方案、如何管理客户关系等方面得到提升。

《广告的未来：全接触点价值创造》

- 汇集 200 余位世界广告业大佬关于广告行业颠覆性创新的真知灼见，为迎接未来广告业数字化转型提供清晰的路线指导图。
- 同时，书中提出的包括全接触点价值创造模型在内的一套具体的原则，旨在告知大家如何解决数字化转型问题，帮助首席执行官和整个组织做好迎接正在发生的变革的准备，并继续为可见的未来做好准备。

《呆萌营销心理学：让人无法抗拒的销售魔法》

- 揭示隐藏在具有说服力的营销信息背后的科学原理。
- 通过行为经济学和心理学核心发现巧妙融合，直击消费者痛点，打造让消费者无法抗拒的销售魔法。

《逆商 2：在职场逆境中向上而生》

- 逆商理论奠基人保罗·G. 史托兹博士扛鼎之作。
- 逆境时代，个人和组织艰难前行的必读书。
- 提出职场逆商提升理论与方法论，帮助企业识别并招聘面对逆境时的攀登者，系统性提升组织、团队和职场人士的抗逆力。

《量子与生活：重新认识自我、他人与世界的关系》

- "量子管理"奠基人、当今世界最伟大的管理思想家之一丹娜·左哈尔关于量子世界观的精心力作。
- 立足意识、物理和新的社会视野解答关于人如何与世界和睦相处，如何摆脱孤独感和疏离感。
- 雨果奖获得者郝景芳、科幻作家吴岩鼎立推荐。